इस्लामी निज़ाम

(एक फ़रीज़ह एक ज़रूरत)

मुसन्निफ़

सुहैल अहमद ख़ान

TANEESHA PUBLISHING

ISBN : 9788199146730
Edition : First, September 2025
Title : Islami Nizaam
Author : Suhail Ahmad Khan

Published by

TANEESHA PUBLISHING

An Imprint of **Taneesha and Prachi NextGen Publication**

Registered Office: Sunil Complex, 2nd Floor, Vijay Nagar, Western Kutchery Road, Meerut - 250002, Uttar Pradesh, India
Website : www.taneeshapublishers.in
E-mail : help@taneeshapublishers.in
Phone : 0121 - 4065396

Printed by :
Manipal Technologies Limited, Bengaluru - 560001, Karnataka

इस्लामी निज़ाम के चार बुनियादी उसूल

१- अदल ओ इंसाफ़
२- इंसानी हुक़ूक़
३- समाजी बराबरी
४- टैक्स

इस्लामी निज़ाम

इस दुनिया की तख़लीक़ ज़ुर्रीयते आदम से हुई, और फिर इन्हीं से नस्ले इंसानी की इर्तका हुई, जिससे इंसानों की आबादी धीरे धीरे बढ़ती चली गई, फिर जैसे जैसे इंसानों की तादाद बढ़ी तो इंसानी रिश्ते भी साथ ही साथ क़ायम होते चले गये और फिर इन रिश्तों का आपस में एक दूसरे पर कुछ हुक़ूक़ का लाज़िम होना और फिर उनकी अदायगी के बग़ैर इंसान का इंसान के साथ रहना मुश्किल हो जाना एक फ़ितरी अमल साबित हुआ था !

जिससे फिर इंसान ने समाज में पेश आने वाले मामलात और निज़ाआत को अपने फ़ितरी शऊर वा पेश आने वाले हवादिस से समझा और अपने तयी उसका निपटारा भी किया !

मिसाल के तौर पर इंसानों का वह पहला दौर जिसमें हाबील व क़बील का वुजूद था, जब उनके बीच निज़ाअ पैदा हुआ तो उन्होंने अज़ख़ुद यह फ़ैसला किया कि वह इसके निपटारे के लिए ख़ुदा की राह में क़ुर्बानी पेश करेंगे, और फिर जब उस क़ुर्बानी का नजीता आ गया तो उसे मानने के बजाए उसमें से एक ने दूसरे को क़त्ल कर दिया

क़त्ल के बाद मक़तूल के जसद को दफ़नाने का तरीक़ा भी क़ुरआन के मुताबिक़ उसने फ़ितरी हवादिस से ही सीखा !

यह समाज में वाक़ेअ होने वाला पहला **Crime against of the human being** था, और यहीं से समाज में **Violation of human rights** की इब्तिदा हुई !

जब इंसान को दूसरे इंसान से तरह तरह के मामलात पेश आने लगे चाहे वह वह घरेलू थे या समाजी, जिनका निपटारा किए बग़ैर घर हो या समाज, एक क़दम भी आगे बढ़ने से क़ासिर हो गया, जिससे नतीजतन समाज को ज़मीन पर एक हाकिम

की ज़रूरत पेश आने लगी जो कि लोगों के आपसी मामलात का निपटारा करे जिससे कि तमाम इंसान अपने तमाम इंसानी हुक़ूक़ के साथ बाआसानी ज़िन्दिगी गुज़र बसर कर सके !

खालिके कायनात का इंसानी समाज को इन मराहिल से गुज़ारने का मक़सद ही यही था कि इंसानी समाज बातजरीज तजुर्बे व मुशायदे से दोचार होकर अज़्ख़ुद एक हाकिम की ज़रूरत को महसूस करे, जिससे कि खालिके कायनात के दुनिया में इंसान को इंसानों का हाकिम (ख़लीफ़ा) बनाने के उस फ़ैसले को यह उम्मत अपने ऊपर जब्र ना समझ बैठे!

और फिर इंसानों का इस पूरे मरहले से गुज़र जाने के बाद दरअसल इंसान ने अज़्ख़ुद अपने ऊपर इतमामे हुज्जत क़ायम कर ली, कि "**निज़ाम**, **क़ानून**, **अमारत** और **इताअत** के बग़ैर समाज में एक **Civilised society** का तसव्वुर नामुमकिन है, तो फिर इसीतरह समाज में क़ानून और उसको नफ़ीज़ करने वाला "**आदिल हकीम**" का तसव्वुर समाज का एक अटूट हिस्सा बन गया !

इस तरह इंसान चाहे क़बीलों में रहा हो या फिर तरक़्क़ी करके गाँव, क़स्बे, या फिर शहरों में रहने लगा हो, उसे हर हाल में हर ज़माने में एक हाकिम की ज़रूरत दरपेश रही जो उनके समाज में पैदा होने वाले आपसी मामलात में **Law and order** को **Maintain** करे !

कहने का मतलब यह है कि हाकिम और उसकी हुकूमत इंसान की एक ऐसी बुनियादी ज़रूरत है कि जिसके बग़ैर इंसान समाज में एक पल भी नहीं रह सकता, अगर हाकिम और उसकी हाकिमियत दुनिया में क़ायम न हो तो हर ताक़तवर शख़्स अपने से कमज़ोर शख़्स के इंसानी हुक़ूक़ को पामाल करने से क़तई बाज़ नहीं आएगा!

इसलिए समाज में एक आदिल हाकिम का होना इसी तरह ज़रूरी है कि जिस तरह इन्सान को ज़िंदा रहने के लिए साँस लेना, तब ही एक मुहज़्ज़ब **Disciplined**

civil society वजूद में आ सकती है, वरना दुनिया ज़ुल्म व जब्र से भर जाएगी, और दुनिया में कमजोर शख़्स सदा के लिए ताक़तवरों का ग़ुलाम बनकर रह जाएगा!

यह फ़लसफ़ा हमें तो तजुर्बे से हासिल हुआ है पर यही बात हमारा ख़ालिक जिसने हमारी और पूरी कायनात तख़लीक़ की है वह इसे हम से बहुत बेहतर हमारी तख़लीक़ से पहले ही जानता था, और ये कैसे मुमकिन था कि वह अपनी खल्कत के साथ कोई रहनुमाई न भेजता कि जिससे इंसानों के ज़रिए वुजूद में आने वाले समाज का हर फ़र्द अपने तमाम इन्सानी हुक़ूक़ के साथ ज़िंदगी का सफ़र पूरा कर सके !

और जब समाज में **Law and order maintain** करने के लिए निज़ाम के बुनियादी उसूलों की ज़रूरत पेश आई, और लोगों में निज़ाआत पैदा होए तो यह ज़रूरी होआ कि समाज में कोई ताक़तवर शख़्स होना चाहिए जिसे कि लोगों के बीच में हकम बनाया जाये, और यही हक़म सरदार के नाम से जाना जाने लगा !

यह समाज का पहला Judicial magistrate था !

ज़ाहिर सी बात है कि जब इंसानी समाज में एक हकिम की ज़रूरत उनका एक फ़ितरी तक़ाज़ा बन गया तो लामुहाला उस हाकिम के ज़रिये सबसे पहले इंसानी समाज में इंसानों के बीच पेश आने वाले निज़ाआत में उनका अद्ल व इंसाफ़ के साथ निपटारा करना समाज की अहम ज़रूरत साबित हुई !

यानि **Judiciary** के क़ायाम की ज़रूरत हमे अजल से पेश आई और समाजी ज़रूरत ने यह साबित केर दिया कि इसकी ज़रूरत हमें अबद तक हर हाल में रहेगी ! और जब इंसानी समाज ने **Judiciary** की अहम ज़रूरत को तसलीम कर लिया तो यह तसलीम करना भी उनपर लाज़िम हो गया कि बग़ैर किसी क़ानूनी मजमुए के जिसमे इंसानी अद्ल व मसावात के तमाम क़वानीन के साथ साथ वह ताज़ीराती क़वानीन भी मौजूद हों कि जिससे समाज में पैदा होने वाले शर को क़ाबू किया जा सके, ऐसे क़ानूनी मजमुए के बग़ैर **Judiciary** का तसव्वुर नकाराह है !

और फिर इससे बढ़कर यह भी समाज ने साबित कर दिया कि कोई भी क़ानून बग़ैर ताक़त के अपाहिज होता है ! क्योंकि समाज में शर और ख़ैर दोनों ही पाया जाता है और समाज के शरपसंदों पर बग़ैर किसी ताक़त के क़ानूनी लगाम नहीं लगाई जा सकती !

यानी समाज ने ख़ुद फ़ितरतन इस बात को क़ुबूल कर लिया कि अदलिया, क़ानून और उसे नाफिज करने वाली क़ुव्वत सब एक दूसरे के लाज़िम मलज़ूम हैं, और इनमें से किसी एक चीज़ की भी कमी वाक़ेअ होने से किसी मुहज़्ज़ब समाज का तसव्वुर करना हिमाक़त होगी और जब हाकिम और क़ानून इंसानी समाज की फ़ितरी ज़रूरत साबित हुई तो लामुहाला इंसान में यह फ़ितरी तक़ाज़ा भी पैदा होआ कि उसके ज़रिये नाफिज़ होने वाले क़वानींन भी फ़ितरी ही होने चाहिए, यानी ऐसे क़वानीन का मुजमुआ कि जिसके तमाम क़वानीन इंसानी फ़ितरत से मुताबिक़त रखते हों जिसके अदमे वुजूद से समाज दरहम बरहम हो सकता है या यूँ कहिए कि उनके बग़ैर एक मुहज्ज़ब समाज एक पल भी नहीं रह सकता !

इस पूरे तबस्रे का माहसल यह है कि जब इंसान की इंसानों पर हुकूमत इंसानीं समाज की फ़ितरी ज़रूरत हो यह कैसे मुमकिन है कि उसके ज़रिये नाफिज़ होने वाले क़वानींन ग़ैर फ़ितरी उसूलों पर मबनी हों, यानि उस हुकूमती निज़ाम का दस्तूर बुनियादी तौर उन अम्र पर मुश्तमिल हो कि जिसका इस बात से कोई ताल्लुक़ ही ना हो जिसकी वजह से अजल में इंसान को इंसानों पर हुकूमत करने का हक़ हासिल होआ था !

इंसान को फ़ितरते ऐन पर मबनी क़ानूनी मजमुआ सिर्फ़ और सिर्फ़ उसको पैदा करने वाले ख़ालिक़ ही के ज़रिये हासिल हो सकता है !

इसलिए ख़ालिके कायनात ने रुए अर्ज़ पर उस सालेह निज़ाम को **Establish** करने के लिए जो उसूल नाज़िल फ़रमाए उसमें उसने इंसान को इंसानों पर हुकूमत का हक़ बहैसियते अपने नायब के अता की, और पाबंद किया कि उसे ख़ालिक़ के बताये गये उसूलों के मुताबिक़ ही इस अज़ीम फ़रीज़ह को अंजाम देना होगा !

इसलिए लामुहाला उस **हुकूमती निज़ाम** का बुनियादी मक़सद और उसके तयीं नाफिज़ होने वाले क़वानीन बा ऐनिही वही होने चाहिए जिसकी ज़रूरत इंसान को अजल में पेश आयी थी और जिन उसूलों के बग़ैर एक मुहज्ज़ब इंसानी समाज की तशकील नामुमकिन थी, लेकिन जैसे जैसे समाज बढ़ता गया समाज में लोगों को **मज़हब** से वाबस्तगी के लिए मज़हबी पेशवाओं की ज़रूरत पड़ने लगी, लेकिन बदक़िस्मती से यही मज़हबी पेशवाई आगे चलकर मज़हब के ठेकेदारों में तब्दील हो गयी जिसने फिर "**इस्लामी निज़ाम**" के नाम पर ख़ालिक़ के उस **फ़ितरी हुक़ूमती निज़ाम में ग़ैर फ़ितरी या मज़हब** के उन जुज़्वी उसूलों को "**इस्लामी निज़ाम**" में उन बुनियादी उसूल की जगह दे दी जिनका कि हुकूमती तौर निफ़ाज़ किया जाना या उन अम्र में हुकूमत का अमल ओ दख़ल होना ख़ालिक़ ए कायनात के उस मैयारी निज़ाम के आईने में ऐंतहाई अहमक़ाना और नामाक़ूल अमल साबित हुआ !

ऐसा हुआ ही इसलिए क्योंकि इंसान ने ख़ालिके कायनात के उन बुनियादी उसूलों की ख़िलाफ़वर्ज़ी की जिसने इंसान को इंसान पर हुकूमत करने का हक़ दिया अता किया था, और वह हक़ हासिल ही सिर्फ़ इसीलिए हुआ था कि जब इंसान का अपनी आज़ादिये हुदूद से तजाविज़ कर बैठा था और इंसान का उन उसूलों के बग़ैर समाज में रहना नामुमकिन साबित हुआ था!, इसलिए ज़रूरी था कि इंसान को उसकी आज़ादिये हुदूद का पाबंद बनाया जाए और फिर यही सबब "**इस्लामी निज़ाम**" के क़याम का मक़सदे ऐन साबित हुआ, और क्योंकि "**इस्लामी निज़ाम**" रुए अर्ज़ पर बसने वाले तमाम इंसानो पर नाफिज़ किए जाने वाला निज़ाम है, इसलिए उसके उसूल भी लामुहाला किसी एक तबके के लिए ख़ास ना होकर तमाम नूए इंसानी की फ़लाह व बहबूद के लिये नाज़िल किए गये थे जिसका ना तो किसी ख़ास **मज़हब** से ताल्लुक़ था और ना ही किसी ख़ास **रंग ओ नस्ल** से, वह निज़ाम तो उन उसूलों पर मबनी था जिसकी ज़रूरत तमाम इंसानों के बीच क़द्रे मुश्तरक थीं, उस निज़ाम के क़याम का बुनियादी मक़सद व ख़ास्सा ही यही था कि वह निज़ाम अपने **फ़ितरी उसूलों** के ज़रिये रुए अर्ज़ पर बसने वाले तमाम इंसानों को इंसानी अवसाफ़ यानि **Human moral values** पर क़ायम होने को मजबूर कर दे, और

इंसान उसकी बराकात से अपने उस बुलंद इंसानी मुक़ाम को पा ले जिसकी तारीफ़ करते हुए ख़ालिक़ ने क़ुरआने करीम में फ़रमाया :-

لَقَدْ خَلَقْنَا الْإِنسَانَ فِي أَحْسَنِ تَقْوِيمٍ

(यक़ीनन हमने इंसान को बेहतरीन साख्त पर पैदा किया)

इंसानों की तख़्लीक़े अव्वल के वक़्त मलायका ने जिस बात पर ख़ालिक़ से अपना इश्काल ज़ाहिर किया था "कि यह (इंसान) ज़मीन पर ख़ून ख़राब वा फ़साद बरपा करेंगे" दरअसल उसी इश्काल की नफ़ी करना ही **"इस्लामी निज़ाम"** के क़याम का असल मकसद है, जिससे कि इंसानी समाज उस निज़ाम की फ़्यूज़ व बराकात से इस्तेफ़ादा करते हुए अपने उस मेयारी इंसानी मुक़ाम को पा ले जिसकी वजह से ख़ालिक़ ने इंसान को "अशरफ़ुल मख़लूक़" क़रार दिया है और जब इंसान वापस अपने ख़ालिक़ के हुज़ूर में हाज़िर हो तो वह अपने ख़ालिक़ की बात को यानि अपने **अशरफ़ुल मख़लूक़** होने को मलायका के सामने साबित कर सकने में कामयाब हो सके जिसे कि ख़ालिक़ ने अपनी नाज़िलकरदह किताब में इस तरह फ़रमाया :-

(सूरह:- अल मुदस्सिर:03) "فَكَبِّرْ رَبِّكَ فَإِذَا"

"अपने रब को बड़ा करो" (डॉ० इसरार अहमद)

यानि जिस अमल के ज़रिए इंसान रुए अर्ज़ पर **"ख़ून ख़राब वा फ़साद"** करने से कुल्ली तौर पर इजतेनाब करते हुए रुए अर्ज़ पर **"अदल ओ इंसाफ़ वा फ़ितरते इंसानी मेयारात"** पर मबनी **"निज़ाम"** को क़ायम करके अपने ख़ालिक़ की बात यानि इंसान का अर्शरफ़ुल मख़लूक़ होने की बात को मलायका के सामने अम्ली तौर पर बड़ा कर सके !

दरअसल **"इस्लामी निज़ाम"** और उसके फ़ितरी उसूल इंसानों को उसके मक़सदे तख़लीक़ पर क़ायम कर देने में मददगार साबित होते है, जिसके लिए

ख़ालिक़ ने इंसान की तख़लीक़ के मक़सद को बयान करते हुए फ़रमाया :-

وَمَا خَلَقْتُ الْجِنَّ وَالْإِنسَ إِلَّا لِيَعْبُدُونِ

"हमने इंसानों व जिन्नों की तख़लीक़ की ही सिर्फ़ इसलिए कि वह मेरी इबादत करें"

यानि ख़ालिक़ ने इस निज़ाम के क़याम का हुक्म दिया ही इसीलिए था ताकि रूए अर्ज़ पर बसने वाले तमाम इंसान अपनी मक़सदे तख़लीक़ पर ग़ामज़न हो सकें और उस निज़ाम की बराकात से इंसान अपने ख़ालिक़ का आबिद बनकर रह सके, और वह इबादत के उस वसीअ मफ़हूम में मददगार साबित हो सके जिसका तज़कीरा ख़ालिक़ ने ऊपर बयान की आयात में किया है !

इबादत दरअसल इंसानों को उनके उन तमाम इंसानी अवसाफ़ (जिसकी वजह से उसे तमाम दूसरी मख़लूक़ पर अफ़ज़लियत हासिल है) पर क़ायम हो जाने और हर उस सिफ़त से इज्तेनाब करने को कहते हैं जिससे इंसान अपने अशरफ़ होने के मुक़ाम को खो बेठता है ! दरअसल "**इस्लामी निज़ाम**" तमाम इंसानों को इबादत के उस मुक़ाम पर पहुँचा देने में मददगार साबित होता है कि जिससे इंसान अपने मक़सदे तख़लीक़ को पूरा करने में क़ामयाब हो सके !

हक़ीक़े तौर पर क़ानूने इलाही इंसान को उस मनसब और उन अवसाफ़ पर क़ायम करने की सयी करता है कि जिससे इंसान अपनी इंसानी तख़लीक़ को ख़ालिक़ की अताकरदह **Free will** की हुदूद की पाबंदी करते हुए इंसानी ज़ात को मुकम्मल बनाने में क़ामयाब हो सके,, और इसी ज़ात की कामिल शक्ल ज़ाते अंबिया में पायी जाती है !

इसके बरअक्स जब इंसान ख़ालिक़ की उस तालीम से बग़ावत करता है तो दरअसल इंसान अपने इंसान होने को **Abuse** कर रहा होता है, और ऐसा इंसान समाज के लिए कैसे मौज़ू (Suitable) हो सकता है जो अपने इंसान कहलाने के मेयार को खो कर उन अवसाफ़ पर क़ायम हो जाए जो एक सालेह इंसानी समाज के

लिए मुज़िर साबित हो, जहाँ ताक़तवर ऐश ओ इशरत की ज़िंदगी गुज़ारें और कमज़ूर अपने इंसानी हुक़ूक़ को पाने को तरस कर मर जाए

लामुहाला जब कभी भी ऐसा होगा तब ऐसे इंसानों के समूह से समाज एक मेयारी इंसानी समाज से गिरकर एक बदतरीन समाज की शक्ल इख़्तियार कर लेगा, तारीख़ गवाह है कि जब जब इंसान अपने इंसानी मेयार से गिरा है तब इंसान की उस बदतरीन शक्ल ने इंसानों को हद दर्जा नुक़सान ही पहुँचाया है !

इसलिए ख़ालिक़ का इंसान को इंसान पर हक़ीमियत का हक़ अता करने का मकसद ही सिर्फ़ यही था कि इंसान ऐसे "**निज़ामे हक़**" को दुनिया में क़ायम करे जिससे कि रुए अर्ज़ पर बसने वाले तमाम इंसान मुकम्मल तौर पर अपने उन इंसानी अवसाफ़ पर क़ायम हो जायें कि जिसकी बुनियाद पर इंसानों को "**अशरफ़ुल मख़लूक़**" का लक़ब अता किया गया है,

दरअसल यही "इस्लामी निज़ाम"के क़याम का मक़सदे ऐन है !

लेकिन जब "**इस्लामी निज़ाम**" और उसके बुनियादी उसूलों के साथ छेड़ छाड़ की गई यानि उस फ़ितरी निज़ाम के वह बुनियादी उसूल जिसपर उस निज़ाम का असल इनहेसार था, उसकी जगह चंद **मज़हबी फ़ुरुआत** ने ले ली, तो सारी दुनिया में "**इस्लामी निज़ाम**" को "**दहशत का निज़ाम**" से जाना जाने लगा, और फिर इसका नतीजा वही हुआ जो किसी शय की असल को तब्दील कर देने की वजह से वुक़ुअपज़ीर होता है, दुनिया ने देखा कि जिस ख़ास तबक़े के "**मज़हबी पेशवाओं**" ने यह उसूली छेड़ छाड़ की थी, उसी तबक़े के लोगों (मुसलमान) ने भी उस निज़ाम से ऐलाने बराअत कर दिया, और धीरे धीरे वह निज़ाम रूए अर्ज़ से सिमट कर महज़ लफ़्फ़ाज़ियों (इस्लामी निज़ाम दुनिया पर एक दिन ग़ालिब होकर रहेगा) की हद तक महदूद रह गया, जिसकी कोई ज़मीनी हक़ीक़त बाक़ी ना रही, और फिर वह ख़ास तबक़ा (**मज़हबी पेशवा**) लोगों (मुसलमानों) को झूठी दिलासा देकर उन्हें एक **Fantasy world** में जिलाकर रखने में मशग़ूल हो गया !

लेकिन हक़ीक़त तो हक़ीक़त ही होती है, इस्लामी निज़ाम तो ख़ालिक़ का निज़ाम था, और वह इंसान की ज़रूरत थी, और जब इंसान उसके अदमे वजूद से कराह उठा, तो आख़िरकार वह निज़ामे ज़िन्दगी जिसके बग़ैर एक मुहज़्ज़ब समाज का तसव्वुर ही मुमकिन ना था, इंसानों के दानिशमंद गिरोह ने (मग़रिबी मुमालिक) उसकी अशद ज़रूरत के तहत उन सालेह उसूलों को अपने समाज में हुकूमती निज़ाम के ज़रिये ज़मीनी हक़ीक़त के साथ नाफिज़ कर दिये, जिससे नतीजतन वही हुआ जो उस निज़ाम की बराकात से ज़ाहिर होना था, वह तमाम मुल्क इल्म ओ फ़ुनून में उन मुल्कों से कहीं ज़्यादा तरक़्क़ी कर गये जिन्होंने ख़ालिक़ के नाज़िल करदह उसूलों के साथ कीमियागिरी करके उसके बुनियादी उसूल वा उसकी हक़ीक़त को तब्दील करके दुनिया में उस निज़ाम के फ़र्ज़ी **Custodian** बनकर उसके क़याम के बुनियादी मक़सद को ही सिरे से मस्ख कर डाला था !

नतीजतन उन मुल्कों के हुकूमती निज़ाम में उन उसूलों के अमली जामा की वजह से वहाँ पर रहने बसने वाली अवाम ख़ुशहाल हो गई और तमाम दुनिया के लोग के लिए उन मुल्कों में जाकर रहने बसने को अपनी ख़ुशनसीबी समझी जाने लगी !

दरअसल यह उस निज़ाम के उन उसूलों की बराकात थीं जो ख़ालिके कायनात ने इंसान को इंसानों पर हुकूमत करने के लिए अता की थीं !

ख़ालिक़े कायनात ने इंसान की तख़लीक़ के साथ ही उसके ज़रिए वुजूद में आने वाले इंसानी समाज की रहनुमाई और उनके बीच अदल व इंसाफ़ को क़ायम करने के लिए ही उसे उस समाज का हाकिम बनाया और फ़रमाया

"मैं ज़मीन में अपना नायब बनाने वाला हूँ" إِنِّي جَاعِلٌ فِي الْأَرْضِ خَلِيفَةً

(अल बक़रह-30) और साथ ही उसे हकीमियत के तमाम बुनियादी उसूलों का इल्म भी अता किया ! ख़ालिक़ ने फ़रमाया :-

وَإِذْ قَالَ رَبُّكَ لِلْمَلَائِكَةِ إِنِّي جَاعِلٌ فِي الْأَرْضِ خَلِيفَةً ۖ قَالُوا أَتَجْعَلُ فِيهَا مَن يُفْسِدُ فِيهَا وَيَسْفِكُ الدِّمَاءَ وَنَحْنُ نُسَبِّحُ بِحَمْدِكَ وَنُقَدِّسُ لَكَ ۖ قَالَ إِنِّي أَعْلَمُ مَا لَا تَعْلَمُونَ

"और याद करो जब अल्लाह ने फ़रिश्तों से फ़रमाया था कि मैं ज़मीन पर अपना जानशीन (नायब) मुक़र्रर करने वाला हूँ, तो उन्होंने अर्ज़ किया कि क्या तू ज़मीन में ऐसे को नायब बनायेगा जो ज़मीन में फ़साद करेगा और खूँन ख़राबा करेगा, हालाँकि हम तो तेरी हम्द व सना के साथ तसबीह भी करते है और तेरी ही पाकीज़गी को सराहते रहते हैं, इसपर अल्लाह ने फ़रमाया यक़ीन जानो मैं जो कुछ जानता हूँ वह तुम नहीं जानते"!

(अल- बक़रह-30)

इन आयात पर ग़ौर करने से पता चलता है कि इंसान को ज़मीन पर ज़िंदगी बख़्शने के साथ साथ उसे ज़मीन पर **Free will** अता होने की वजह से मालयका का इंसान का ख़ून ख़राबा और फ़साद बरपा करने का इश्काल सही था, और ज़ाहिर सी बात है कि ख़लीक़े कायनात से ज़्यादा इस बात को आख़िर कौन जान सकता था, इसीलिए उसने उसकी रोकथाम का इंतेज़ाम भी मुक़र्रर कर रख्खा था, ख़ालिक़ के उस मुस्तक़बिल के **Programme** से मलयका वाक़िफ़ नहीं थे, इसलिए उन्होंने अल्लाह से अपना इश्काल ज़ाहिर किया था !

उस **Programme** के तहत अल्लाह ने ज़ुर्रियते आदम को यूँ ही आज़ाद नहीं छोड़ दिया बल्कि उसने उन्हीं में से एक गिरोह **(सालीहीन)** को ज़मीन पर अपना नायब बनाया, और उन्हें उसके नाज़िल करदह क़वानींन का पाबंद बनाने के लिये उन्हें हुक्म दिया कि वह रुए अर्ज़ पर **"हुकूमते हक़"** का क़याम करें, जिसके ज़रिये फ़साद व ख़ून ख़राबा करने वालों पर मुकम्मल लगाम लगाई जा सके, यही वह इल्तज़ाम था जो कि रुए अर्ज़ पर वाक़ेअ होने वाला था जिसके ज़ेमिन में अल्लाह ने मालयका से फ़रमाया था :-

"قَالَ إِنِّي أَعْلَمُ مَا لَا تَعْلَمُونَ"

कि **"मैं जो कुछ जानता हूँ वह तुम नहीं जानते"**

(अल- बक़रह-30)

और फिर अपने नायब को रूए अर्ज़ के ज़ाब्तये निज़ाम के तमाम उलूम से अरास्ता किया, जिसका ज़िक्र क़ुरआन में करते होए (अल बक़रह 31) में फ़रमाया:-

وَعَلَّمَ آدَمَ الْأَسْمَاءَ كُلَّهَا ثُمَّ عَرَضَهُمْ عَلَى الْمَلَائِكَةِ فَقَالَ أَنبِئُونِي بِأَسْمَاءِ هَٰؤُلَاءِ إِن كُنتُمْ صَادِقِي

"अगर तुम इस गुमान में सच्चे हो कि औलाद ए आदम ख़िलाफ़त पाकर ज़मीन में फ़साद बरपा करेगी तो इन लोगों के नाम बताओ कि यह लोग कौन हैं ? यह ज़मीन में फ़साद बरपा करने वाले लोग हैं या अमन व अद्ल क़ायम करने वाले हैं"?

इसकी तफ़सीर में मुफ़स्सिरे क़ुरआन अमीन अहसान इस्लाही साहब तदब्बुरे क़ुरआन में फ़रमाते हैं:-

"दरअसल मलयका के उस गुमान की तरदीद अगर हो सकती थी तो इसी सूरत में हो सकती थी कि उन्हें ज़ुर्रियाते आदम का मुशाहिदा कराया जाये, और औलादे आदम में जो **अंबिया, रुसूल, मुजद्दीदिन, मुसलेहीन, सलेहीन व सिद्दीक़ीन** पैदा होने वाले थे उनसे उनको आगाह किया जाये ताकि उनपर यह बात वाज़ेअ हो सके कि अगर औलादे आदम में ऐसे लोग पैदा होने का इमकान है जो खालिक की तफ़वीज़ करदाह इख़्तेयारात का बेजा इस्तेमाल करेंगे तो साथ ही उनके अंदर ऐसे लोग भी उठेंगे जो ख़ुद भी अपनी ज़िम्मेदारी (यानी मेरी नियाबत) का हक़्क़ अदा करेंगे और दूसरों को भी उनकी ज़िम्मेदारियों से आगाह करने के लिए सर धड़ की बाज़ी लगाने में कोई कसर बाक़ी ना रखेंगे !"

وَعَلَّمَ آدَمَ الْأَسْمَاءَ

यहाँ असमाअ से मुराद आदम की ज़ुर्रियत के नाम खासकर उन लोगों के नाम है जो ज़मीन पर फ़साद को मिटाने व अद्ल को क़ायम करने के लिए आने वाले थे !

अब यहाँ एक सवाल पैदा होता है कि आख़िर मलयका को यह कैसे पता चला कि यह जो मख़लूक़ खालिक ने बनायी है वह ज़मीन पर फ़साद करेगी?

अगर वह इंसानों के मुस्तक़बिल के अमल को जो वह दुनिया में करने वाला है जानते थे, तो वह इस हकीकत को भी क्यों नहीं जानते थे कि इनमें (इंसानों) से अक्सर लोग (उस खालिक की जिसने उनकी तख़लीक़ की है) उसे माबूद ए वाहिद भी नहीं मानेंगे और उसकी उलुहीयत में दूसरों को शरीक करेंगे ? जबकि हमारे मुफ़स्सिरीन के नज़दीक **"शिर्क फ़िल माबूद"** ही सबसे बड़ा गुनाह (जुर्म) है, तो फिर ज़मीन पर वाक़ेअ होने वाले इस अज़ीम गुनाह (जुर्म) का इशक़ाल मलायका ने उस वक़्त ख़ालिक़ से ज़ाहिर क्यों नहीं किया ?

क्योंकि ख़ालिक़ की ज़ात बेनियाज़ है और उसके यह जानते हुए कि मेरी इस तख़लीक़ (इंसान) में अक्सर लोग उसकी उलुहीयत में गैरुल्लाह को शरीक करेंगे, हालाँकि ख़ालिक़ की उलुहीयत में शिर्क करना उसकी सबसे बड़ी तौहीन है, बावजूद इसके उसने तमाम इंसानों के लिए चाहे वह **"ला इलाहा इल्लाह"** के तहत उसके फ़र्माबरदार हों या बाग़ी सभी को उनके बुनियादी इंसानी हुक़ूक़ मुहैया कराने के लिये अपने नायबीन (अंबिया) के ज़रिये वह इल्तेज़ाम फ़रमाया जिससे कि कोई ज़ालिम किसी कमजोर पर ज़ुल्म व जब्र ना कर सके, जिसके लिये उसने बादल अम्बिया इंसानों में सलिहीन को पैदा फ़रमा कर उन्हें इंसानों के बीच अद्ल व इंसाफ़ का निज़ाम क़ायम करने का हुक्म देकर मालयका के ज़मीन पर फ़साद बरपा करने जैसे इश्काल की कुल्ली नफ़ी कर दी !

रही बात इंसानों का ख़ालिक़ की **उलुहियत में शिर्क** करने की, तो इसके लिए उसने आख़िरत का दिन मुक़र्रर कर रख्खा है !

यहाँ जो बात क़ाबिले ग़ौर है वह यह कि क़ुरआन ने जिस शिर्क को **ज़ुल्मे अज़ीम**

से तबीर किया है, वह कौन सा शिर्क है ? बिलउमूम इसे **शिर्क फ़िल माबूद** से ताबीर किया जाता है, यानि वह लोग जो ख़ालिक़ की उलुहियत में किसी और को किसी भी दर्जे में शरीक करते है, इस्लामी इस्तेलाह में ऐसे लोग "**मुशरिक़**" कहलाते हैं !

अब सवाल यह उठता है कि अगर कोई शख़्स ख़ालिक़ की उलुहियत में किसी दूसरे को शरीक करके **शिर्क फ़िल माबूद** जैसे जुर्म का इर्तेकाब करता भी है तो आख़िर उसके इस जुर्म से नूए इंसानी को क्या ज़र पहुँचता है ? और फिर उसका यह जुर्म चाहे कितना ही संगीन क्यों ना हो, इंसानी मामलात से तो बहरहाल इसका कोई लेना देना नहीं है !

इसीलिए इंसान के इस अज़ीम जुर्म के इर्तेकाब का अज़ल में "**मालयका**" ने ख़ालिके कायनात से कोई इशकाल ज़ाहिर नहीं किया था !

शिर्क की वह तबीर जो बिलउमूम बयान की जाती है वह किसी भी हाल में दुरुस्त नज़र नहीं आती ! यानि जब क़ुरआन कहता है :-

إِنَّ الشِّرْكَ لَظُلْمٌ عَظِيمٌ

तो इससे मुराद " **शिर्क फ़िल माबूद**" तो क़तआन मौज़ू नहीं लगता, बल्कि " **शिर्क फ़िल हुकुम**" तो ज़रूर मुराद हो सकता है क्योंकि शिर्क की इस क़िस्म से रुए अर्ज़ पर **फ़साद** और **ज़ुल्म** ज़रूर बरपा होता है !

मलायका ने इंसानों से मुतल्लिक ख़ालिके कायनात से जो इश्काल ज़ाहिर किया था, वह इंसानी मामलात से मुतल्लिक था **"कि यह ज़मीन पर ख़ून ख़राबा व फ़साद बरपा करेंगे"** यानि इस इशकाल से साफ़ ज़ाहिर होता है कि वह (मलायका) इंसानों के उस जुर्म का तज़किरा अपने ख़ालिक़ से कर रहे थे जो जुर्म इंसानी मामलात से मुताल्लिक था ! और वह यही था कि यह इंसान (free will अता होने की वजह से) ख़ालिक़ के ज़रिये नाज़िल करदह क़वानीन में अपनी मर्ज़ी

के क़वानीन को शामिल करके "إِنِ الْحُكْمُ إِلَّا لِلَّهِ" (अल्लाह के सिवा किसी का हुक्म नहीं) की ख़िलवर्ज़ी करके **"शिर्क फ़िल हुक्म"** जैसे जुर्म का इर्तेकाब करेगा, और फिर इंसान के इस अज़ीम जुर्म के नतीजे में ज़मीन ज़ुल्म ज़्यादती व फ़साद से भर जाएगी !

इस पूरे तबसिरे का माहसल तो यही निकलता है कि

إِنَّ الشِّرْكَ لَظُلْمٌ عَظِيمٌ

से मुराद **"शिर्क फ़िल हुक्म"** है नाकि **"शिर्क फ़िल माबूद"** !

इस पूरे तबसिरे का माहसल यही है कि मलाइका का इश्काल ज़ुर्रियते आदम का खालिक की उलूहियत के मामले में नहीं था, बल्कि उनके (इंसानों) आपसी मामलात का था, जिसकी वजह से मलायका में यह इश्काल पैदा हुआ कि यह मख़लूक़ तो ज़मीन पर फ़साद और ख़ून ख़राबा करेगी, जिसके जवाब में खालिक ने मलायका को वह इल्म अता किया जो उसने ज़मीन के नज़्म व नस्क का मुकम्मल इंतेज़ाम करने के लिए सिलसिलये अंबिया के तौर पर पहले से ही कर रख्खा था, जिसका इल्म मलयका को नहीं था, और बताया कि तुम नहीं जानते हमने इन्हें (इंसान) ज़मीन के इल्तज़ाम का मुकम्मल इल्म अता किया है जो कि तुम्हारे इल्म में भी नहीं है, हमने इनको (इंसान) राहे रास्त पर क़ायम रहने के लिए **हादी** और **हुदा** दोनों का इंतज़ाम कर रख्खा है, आगे चलकर इनमें से कुछ लोग होंगे जो हादी (अंबिया) की नियाबत का पूरा हक़ अदा करेंगे, वह रुए अर्ज़ पर ऐसा आदिलाना निज़ाम क़ायम करेंगे कि जिस निज़ाम की बुनियाद ही अद्ल व इंसाफ़, इंसानों के बुनयादी हुक़ूक़ जैसे अहम उमूर पर क़ायम होगी और साथ ही वह निज़ाम समाज को इंसान का इंसान पर बरतरी जैसे तमाम उयूब से पाक कर देगा !

तो ज़ाहिर सी बात है कि जिस समाज में हर इंसान को उसके बुनियादी इंसानी हुक़ूक़ मयस्सर हों और उसी के साथ समाज इंसानी बरतरी से भी पाक हो जाये तो लाज़मन उसके ज़ेरे साये रहने बसने वाले तमाम इंसान इंसानी मेयार के उस आला

मुक़ाम को पा लेंगे कि जिसमें इंसान किसी दूसरे इंसान को ज़र पहुँचने से बाज़ आ जाएगा !

उसी सिलसिले को जारी रखने के लिए ख़ालिक़ के उस **Programme** के मुताबिक़ अंबिया बाद इंसानों में सुलाहा पैदा होंगे जो अंबिया के नायब बनकर रुए अर्ज़ पर ख़ालिक़ के हुक्म के मुताबिक़ रुए अर्ज़ पर **"निज़ामे हक़"** को क़ायम करेंगे जिसकी फ़ुयूज़ व बराकात से तमाम ज़मीन **ज़ुल्म, जब्र व फ़साद** से पाक हो जाएगी, और इंसान ख़ालिक़ की इस अज़ीम तख़लीक़ की अज़मत को (जो उसे तमाम मख़लूक़ से बरतर बनाती है) अपने अमल से साबित करके मलयका के उस इश्काल (कि यह ज़मीन पर फ़साद करेंगे) की नफ़ी करके इंसान अपनी अज़मत (**لَقَدْ خَلَقْنَا الْإِنسَانَ فِي أَحْسَنِ تَقْوِيمٍ**)को साबित करके ख़ालिक़ की रज़ा का मुस्ताहक़ बन जाएगा, और जिससे इंसान वापस अपने उस मस्कन को पा लेगा जहां से **Downgrade** होकर वह इस आलमे दुनिया में इसी इम्तेहान को **Qualify** करने के लिए भेजा गया था !

दरअसल यह ख़लीक़े कायनात का वह Program था जिसका इल्म मलयका को नहीं था !

क्योंकि ख़ालिक़ अपनी तख़लीक़ के ज़रिये वुकुपज़ीर होने वाले तमाम मामलात से वाक़िफ़ था इसलिए उसने रुए अर्ज़ पर ज़ुल्म ज़्यादती व फ़साद को रोकने व अमन चैन, अद्ल इंसाफ़ को क़ायम के लिए उसने ज़ुर्रियते आदम को जो ज़िम्मेदारी अता की उसको क़ुरआन में वज़ाहत से फ़रमाया :-

"كُنتُمْ خَيْرَ أُمَّةٍ أُخْرِجَتْ لِلنَّاسِ تَأْمُرُونَ بِالْمَعْرُوفِ وَتَنْهَوْنَ عَنِ الْمُنكَرِ وَتُؤْمِنُونَ بِاللَّهِ

"तुम बेहतरीन गिरोह हो जिसे तमाम इंसानों के ख़ैर के लिए वुजूद में लाया गया है, तुम भलाई का हुक्म करते हो और बुराई से रोक देते हो, और अल्लाह पर ईमान रखते हो"!

(आले इमरान, आयात-110

الَّذِينَ إِن مَّكَّنَّاهُمْ فِي الْأَرْضِ أَقَامُوا الصَّلَاةَ وَآتَوُا الزَّكَاةَ وَأَمَرُوا بِالْمَعْرُوفِ وَنَهَوْا عَنِ الْمُنكَرِ ۗ وَلِلَّهِ عَاقِبَةُ الْأُمُورِ"

"यह वह लोग हैं जिन्हें अगर हम ज़मीन पर इख़्तेयार बख्शें तो यह सलात (निज़ामे हक़) को क़ायम करेंगे, और ज़कात (Tax) अदा करेंगे, और भलाई का हुक्म करेंगे और बुराई से रोकेंगे, और तमाम मामलात का इख़्तेयार अल्लाह ही के पास हैं"

इन आयात से साफ़ पता चलता है कि ख़ालिके कायनात ने इंसानों के उस गिरोह को जो कि रुए अर्ज़ पर उसकी नियाबत का हक़ अदा करने के दावेदार हैं, उनपर यह ज़िम्मेदारी आयद की है कि वह समाज में बसने वाले तमाम इंसानों को उनके तख़्लीक़ी मनसब पर गमज़न करने व उसपर क़ायम व दायम रखने के लिए उनके बीच **भलाई का हुक्म व बुराई से रोकने** का काम हर हाल में करते रहना होगा !

और यह तब ही मुमकिन है कि जब समाज में एक ऐसा **निज़ाम** क़ायम किया जाये कि जिसका बुनियादी मक़सद इन आयात की तकमील हो !

इस पूरे तबस्रे का माहसल यह निकला कि ख़ालिके कायनात ने ज़मीन पर बसने वाले इंसानों के लिए उन्हीं में से इंसानियत पसंद लोगों पर यह फ़र्ज़ **(Duty)** आयद कर दिया है कि वह खालिक की नियाबत का हक़ उसके बताए हुए उसूलों के मुताबिक़ अदा करने में अपनी तमाम तावानाई सर्फ़ करने में कोई कसर बाक़ी ना रखें, ताकि उनके इस नेक अमल के ज़रिये रुए अर्ज़ से ज़ुल्म ज़्यादती, खून ख़राबा का मुकम्मल ख़ात्मा किया जा सके, और उसकी जगह अदूल व इंसाफ़ और इंसानी बुनियादी हुक़ूक़ को ताक़त के साथ कुल्ली तौर पर रुए अर्ज़ पर क़ायम कर दिया जाये !

दरअसल ख़ालिक़े कायनात का तख़लीक़े इंसानी के साथ ही वह पहला हुक्म जो इंसान को अता किया गया था, वह रुए अर्ज़ पर इंसान का इंसानों पर बाहैसियते अपने नायब के हाकिम (ख़लीफ़ा) बनाना था, और इसके बाद मलयका का ज़मीन पर इंसानों के फ़साद बरपा करने का इश्काल इस बात की सरीह गवाही देता है कि ख़िलाफ़त का असल मक़सद मलयका के उसी इश्काल की नफ़ी कर देना है जिससे ज़मीन ज़ुल्म ज़्यादती खून ख़राबे से मुकम्मल पाक हो जाये, और इंसान ख़लीक़े कायनात की इस आला तख़लीक़ जिसकी तारीफ़ उसने अपने कलाम में करते हुए फ़रमाया:- " لَقَدْ خَلَقْنَا الْإِنسَانَ فِي أَحْسَنِ تَقْوِيمٍ" हमने इंसान को बेहतरीन और आला दर्जे की साख़्त पर पैदा किया) की हक़ीक़त को अपने अमल से साबित कर दे !

और साथ ही उसपर ईमान लाने वालों को इस बात से भी आगाह कर दिया कि जब तुम इस काम को अंजाम दोगे तब बातिल (असत्य) को ज़रूर गरा गुज़रेगा तो इसलिए यह समझ लो कि तुम्हें यह सब करने के लिये उन्हें बातिल यानी **(असत्य)** से टकराना होगा, जिसके लिये लामुहाला तुम्हारे पास बातिल से ज़्यादा ताक़त होनी चाहिए, जिससे कि तुम उनपर फ़तह हासिल कर सको, और उस फ़तह के ज़रिये इंसानों के साथ होने वाले **Violation of human right** का मुकम्मल तौर पर ख़ात्मा करके रूए अर्ज़ पर ख़ालिक़ के नायब की हैसियत से अद्ल व इंसाफ़ पर मबनी एक "**सालेह निज़ाम**" को क़ायम करने में क़ामयाबी हासिल हो सके !

इस बात को और वज़ाहत के साथ खालिके कायनात ने उसके ज़रिये नाज़िल करदह मजमुये हिदायत (**Recent and new testament**) यानि "**क़ुरआन**" में उसके हामिलीन को हुक्म करते हुए फ़रमाया :-

"وَأَعِدُّوا لَهُم مَّا اسْتَطَعْتُم مِّن قُوَّةٍ وَمِن رِّبَاطِ الْخَيْلِ تُرْهِبُونَ بِهِ عَدُوَّ اللَّهِ وَعَدُوَّكُمْ وَآخَرِينَ مِن دُونِهِمْ لَا تَعْلَمُونَهُم

اللَّهُ يَعْلَمُهُمْ وَمَا تُنفِقُوا مِن شَيْءٍ فِي سَبِيلِ اللَّهِ يُوَفَّ إِلَيْكُمْ وَأَنتُمْ لَا تُظْلَمُونَ"

(अल-अनफाल -60)

"कि तुम हाथ पर हाथ रखकर ना बैठ जाओ, और यह ना समझो कि बातिल **(असत्य)** हार मन जाएगा, वह तुम्हारे हाथों ही मग़लूब होंगे, पर तुम्हें इस बातिल **(असत्य)** से लड़ने के लिए हस्बे इस्तेदाद वह तमाम क़ुव्वत जो फ़ी ज़माना उसने हासिल कर रखी हैं उससे कहीं ज़्यादा क़ुव्वत के साथ हमेशा तैयार रहना होगा, और फिर जब तुम उनपर (बातिल, असत्य) पर फ़तह हासिल करके बातिल को मग़लूब करके समाज में "**निज़ाम हक़**" क़ायम कर लो तो फिर उसकी ज़मीनी मुल्की हुदूद को **Military strength** से मुस्तहकम करो, ताकि उसके जरिए तुम उन लोगों को डराकर रख सको जो तुम्हारे खुद के दुश्मन हैं, और ख़ालिक़ के निज़ाम **(निज़ामे हक़)** के भी दुश्मन हैं, इनके अलावा इंसानियत के वह दुश्मन भी, जिनके बारे में तुम अभी तक नहीं जानते हो, अल्लाह उन्हें जानता है"

"और फिर जब तुम हक़ का निज़ाम क़ायम कर लोगे तो फिर इस निज़ाम के इस्तेक़ामत के लिए माली ताअववुन की भी ज़रूरत होगी। तो यह समझ लो कि ख़ालिक़ के निज़ाम **(निज़ामे हक़)** के लिए तुम जो कुछ भी खर्च करोगे, उसका बदला तुम्हें पूरा-पूरा मिलेगा, और इसमें रत्ती भर भी कमी नहीं की जायेगी"

मज़कूरह बाला इन आयात पर ग़ौर करने से साफ़ पता चलता है कि ख़लीक़े कायनात के हुक्म की तामील के लिए मौजूदा हामिलिने किताब पर यह फ़र्ज़ आयद होता है कि वह ज़मीन पर ख़ालिक़ के बनाये होए हुकूमती उसूल पर मबनी निज़ाम को रुए अर्ज़ पर क़ायम करें, जिसका मक़सदे ख़ास ज़मीन पर होने वाले **Violation of human right** का ख़ात्मा करके समाज में "**निज़ामे हक़**" **(निज़ामे सलात)** को क़ायम करना हो, जिससे कि रुए अर्ज़ पर एक ख़ुशनुमा इंसानी समाज वुजूद में आ सके !

ख़ालिक ने उस गिरोह की सिफ़त बयान करते होए फ़रमाया :-

الَّذِينَ إِن مَّكَّنَّاهُمْ فِي الْأَرْضِ أَقَامُوا الصَّلَاةَ وَآتَوُا الزَّكَاةَ وَأَمَرُوا بِالْمَعْرُوفِ وَنَهَوْا عَنِ الْمُنكَرِ ۗ وَلِلَّهِ عَاقِبَةُ الْأُمُورِ"

"यह वह लोग हैं जिन्हें अगर हम ज़मीन पर इख़्तेयार बख्शें तो यह सलात (निज़ामे हक़) को क़ायम करेंगे, और ज़कात (Tax) अदा करेंगे, और भलाई का हुक्म करेंगे और बुराई से रोकेंगे, और तमाम मामलात का इख़्तेयार अल्लाह ही के पास हैं " (अल हज्ज -41)

यानी जब ख़ालिक़ कायनात उन्हें रुए अर्ज़ पर क़ुव्वत वा इस्तेदाद बख़्शेगा तो वह लोग समाज **(State)** में **"निज़ामे हक़"** (**निज़ामे सलात**) को क़ायम करेंगे, और उस निज़ाम को क़ायम रखने व समाजी ज़रूरियात को पूरा करने के लिए **State** को **ज़कात (Tax)** की अदायगी करेंगे, साथ ही साथ वह समाज में उस निज़ामे हक़ का हक़ीक़ी मक़सद "أَمْرُ بِالْمَعْرُوفِ وَنَهْيٌ عَنِ الْمُنكَرِ" (**नेकियों का हुक्म करना और बुराइयों से रोकना**) जैसे अज़ीम फ़रीज़ह को इंसानी मफ़ादात के हक़ में समाज **(State)** में नाफिज़ करेंगे !

यह बात भी ज़हननशीन होनी चाहिए कि क़ुरआने करीम में जो कुछ भी ईमान वालों के लिए बयान हुआ है वह कोई बतौर नसीहत के नहीं बयान हुआ है बल्कि ऐसी तमाम आयात हुक्म के दर्जे में आती हैं, यानि क़ुरआन ने कोई अम्र ईमान वालों की सवाबदीद पर नहीं छोड़ा है कि उनके लिये बेहतर है कि वह ऐसा करें या उन्हें ऐसा करना चाहिए, बल्कि उसकी ऐसी तमाम आयात ईमान वालों के लिए हुक्म के दर्जे में हैं, यानि ईमान वालों को सरीह हुक्म दिया जा रहा है कि जब कभी भी तुम अपनी अंथक कोशिशों के अंजाम के तयीं जहां कहीं भी तुम्हें इतनी ताक़त व क़ुव्वत मयास्सर आ जाये तो तुम पर लाज़िम आता है कि तुम्हें ज़मीन पर **सलात्** यानि **निज़ामे हक़** को हर हाल में क़ायम करना होगा !

[यहाँ यह बात खुसूसी तवज्जो की मुस्ताहक़ है कि दौरे माज़ी में **"इस्लामी**

निज़ाम" (निज़ामे हक़) को क़ायम करने का फ़रीज़ह अवामी था, लेकिन दौरे हाज़िर में यह फ़रीज़ह अवाम पर फर्ज़े किफ़ायह है, और हर **Muslim state** पर फर्ज़े ऐन ! (जिसकी तफ़सील अगले सफ़हात में बयान की गई है)

"وَأَقِمِ الصَّلَاةَ وَآتِ الزَّكَاةَ"

"सलात (निज़ामे हक़) क़ायम करो और ज़कात (Tax) अदा करो"

इस आयते करीमा में इस्लाम की दो बुनियादी इस्तेलहों का ज़िक्र किया गया है!

1-सलात्

2-ज़कात

सलात صلاة(निज़ाम):-

अगर हम सलात का **Symbolic act** यानी "**नमाज़**"जो कि उम्मत पर फ़र्ज़ की गई उसे अदा करने के तरीक़े पर ग़ौर करें तो हमें "**सलात**" क़ायम करने के अफ़ाक़ी मायने का इदराक बाआसानी हो जाता है !

तरीक़ ए नमाज़ :-

नमाज़ के ज़रिये नूए इंसानी को सिखाये जाने वाले " صلاةसलात (निज़ामे हक़) के इस्तेक़ामत के उसूल !

1-सफ़ें बनाकर नमाज़ अदा करना !

यानी ईमान वालों को (Natives) दुनिया में एक सफ़ बनकर **(एक जत्था)** बनकर रहना चाहिए !

2-जमात के साथ नमाज़ अदा करना :-

यानी ईमान (Natives) वालों को हमेशा मुनज़्ज़म होकर रहना चाहिए और उन्हें समाज में अपने ख़ालिक़ के हुक्म की तामील के हर काम को सीधी सफ़ें बनाकर

यानी **Organised and Disciplined way** में करना चाहिए !

3-अपनी सफ़ों में खलाअ ना रखें, कंधे से कंधा मिलाकर खड़े हों !

यानी समाज का हर शख़्स एक दूसरे के साथ **Shoulder to shoulder bonding** के साथ रहे, और तमाम तरह के इख़्तेलाफ़ से अपने आप को पाक रखे, ईमान वालों (Natives) को **नमाज़** के ज़रिये हर रोज़ यह याददेहानी कराई जाती है कि उनको आपस में एक दूसरे के साथ हर ऐतबार से कंधे से कंधा मिलाकर ज़िंदगी गुज़ारनी चाहिए, क्योंकि इब्लीस यही चाहता है कि मोमिनीन के बीच आपस में ख़ालाअ और इख़्तेलाफ़ पैदा हो जाये, जिससे उनका ज़ोर समाज में ख़त्म हो जायेगा, और फिर उनके ज़रिये ख़लीक़े कायनात का रुए अर्ज़ पर अपने नायब को मबऊस करने का मंसूबा "**إِنِّي جَاعِلٌ فِي الْأَرْضِ خَلِيفَةً**" पूरा ना हो सके और इंसान वही सब कुछ कर बैठे जिसका कि मलायका ने अल्लाह से इश्काल किया था, फिर इंसान अल्लाह की लानत का मुस्ताहक़ हो जायेगा, और इब्लीस को अपने मक़सद में क़ामयाबी मिल जायेगी !

इसी वजह से नमाज़ में नमाज़ियों को यह ताकीद की जाती है कि उनकी अपनी सफ़ों में नमाज़ियों के बीच ख़ालाअ ना हो, बल्कि कंधे से कंधा मिलाकर खड़े हों, क्योंकि यह ख़ालाअ दरअसल शैतानी सोच है, वह यही चाहता है कि **Society** में ईमान वालों के बीच इख़्तेलाफ़ बरपा हो और इनके बीच आपस में ख़ालाअ पैदा हो जाये !

4-इमाम के बग़ैर कोई जमात नहीं !

यानी ईमान वालों (Natives) को दुनिया में हर हाल में किसी अमीर (Leader) के, जो ख़ुद ख़ालिक़ के निज़ाम के उसूलों का पाबंद हो, उसे अपना ऊलिल अम्र तस्लीम करके उसकी मातहती में रहना चाहिये !

5-इमाम की तकबीर पर रूकुअ व सजदा में चले जाना !

यानि ईमान वालों (Natives) को अपने ऊलिल अम्र के हर उस हुक्म पर जो ख़ालिक़ के हुक्म व रसूल के तरीक़े पर मबनी हो, उसकी ताबेअदारी में देर ना करनी चाहिये !

6-जमात में इमाम को लुक़्मा देना !

यानी समाज में तुम्हारा ऊलिल अम्र अगर अल्लाह के हुक्म व रसूल के तरीक़े से हटकर कोई हुक्म दे तो उसे अदब के साथ तम्बीह करना !

7-नमाज़े ज़ुमा का मक़सद !

ताकि समाज के तमाम लोग हफ़्ते में एक दिन **(ज़ुमा)** जमा हों और उनका अमीर **(Leader)** उन्हें निज़ामे हक़ की ताबेदारी का सबक़ दे, और जहां कहीं भी इनहेराफ़ की कोई शक्ल पैदा हो रहे हो उसकी तसीह करने की सई की जा सके !

8-खुतबे के वक़्त कोई नमाज़ नहीं !

यानी जब तुम्हारा अमीर **(Leader)** अपनी अवाम को ख़ुदा व रसूल की ताबेदारी और उसके निज़ाम के इस्तेक़ामत का सबक़ दे रहा हो, तो उसको ध्यान से सुनना फ़र्ज़े ए ऐन है, और उस वक़्त की नमाज़ नफ़्ल है !

नमाज़ के इन तमाम तौर तरीक़े पर गौर करने से साफ़ ज़ाहिर होता है कि ख़ालिक़ कायनात ने **"इस्लामी निज़ाम"** की निज़ामत **(Format)** को, उसकी ज़ात से ताल्लुक़ जोड़ने यानि **"क़ुर्बे इलाही"** हासिल करने को **"नमाज़ पढ़ने"** के तौर तरीक़े में पिरो कर रख दिया है, मिसाल के तौर पर नमाज़ में हर मुसल्ली का कंधे से कंधा मिलाकर सफ़ में खड़े होने के हुक्म पर ही ग़ौर कर लिया जाये तो हमें पता चलता है कि नमाज़ में हर मुसल्ली का कंधे से कंधा मिलाकर या पैरों को जोड़कर सफ़ में खड़े होना **Practically Possible** है ही नहीं है, क्योंकि हर शख़्स की क़द

काठी यक्सा नहीं होती, तो ज़ाहिर सी बात है कि ऐसा हुक्म देने का कोई और ख़ास मंशा ही हो सकती है, यानि कि कंधे से कंधा मिलाकर रखने की तालीम उस **Symbolic act** में दिए जाने से मुराद यही है कि ज़मीन पर **"निज़ामे हक़"** भले ही ना क़ायम हो, पर ईमान वालों में उस निज़ाम की रूह हर हाल में क़ायम रहनी चाहिए, यानी समाज में हर इमान वाले को एक दूसरे से कंधे से कंधा मिलकर एक जमात की (एक उम्मत) की शक्ल में रहना चाहिए!

इस तरह **नमाज़** के दीगर उसूल भी ईमान वालों को यह बावर कराते हैं कि समाज में "**निज़ामे हक़**" अगर क़ायम ना भी हो, तो भी उस उस निज़ाम के उसूलों की तालीम व उसकी ताबेअदारी और उसे क़ायम करने के उसूलों की याददहानी (नमाज़ के ज़रिये) मुस्ताक़िल होती रहनी चाहिए, ताकि जब कभी इतनी इस्तेदाद पैदा हो जाये जो निज़ाम को क़ायम करने में दरकार है, तो उसे क़ायम करने व उसके इस्तेक़ामत के लिए अवाम पर उस निज़ाम के उसूलों की इताअत करना कोई नई बात ना रहे !

यही वह तमाम उसूल हैं जो कि एक मुनज़्ज़म व मुहज़्ज़ब समाज कि लिये दरकार हैं, जिन्हें ईमान वालों को नमाज़ के इन (उसूलों) **Symbolic acts** के ज़रिये समझाया गया है, लेकिन अफ़सोस सद अफ़सोस कि उम्मत ने इन **Symbolic acts** को ही असल हुक्म समझ लिया, जिसका नतीजा यह होआ कि वह नमाज़ जो उम्मत को मुनज़्ज़म करने आयी थी, उसी नमाज़ ने उम्मत की मस्जिदें अलग अलग करके रख दीं, ऐसा होआ ही इसीलिए कि **जब किसी अज़ीम फ़रीज़ह का Symbolic act ही उस अम्र पर अमल करने का मक़सदे ऐन बन जाये तो उस अम्र ख़ास की रूह बाक़ी नहीं रहती, और फिर उसी Symbolic act की तशरीहात व तफ़ासील में ग़ोते लगाना ही असल फ़रीज़ह बनकर रह जाता है !**

इस बात की ज़मीनी हक़ीक़त को आज मसाजिदों के बटवारे और फिर नमाज़ पढ़ने के ज़ाहिरी तरीक़े कार की कीमिया गीरी, और उन ज़ाहिरी तरीक़े कार के किसी रुक्न में ज़रा सी कमी वाक़ेअ हो जाने से नमाज़ का बातिल हो जाना, या फिर मेरा

तरीक़ ए कार सही और तेरा तरीक़ ए कार ग़लत जैसी फ़ुज़ूल मुबाहिसों से बाआसानी लगाया जा सकता है, जिससे नतीजतन **सलात्** की वह तालीम जो उम्मत को उसके ज़ाहिरी अमल "**नमाज़**" के ज़रिये मुनज़्ज़म जत्था बनकर रहने की तरबियत देती है, उसी "**नमाज़**" ने उम्मत की मसाजिदें अलग अलग करके लोगों को आपस में बाँट दिया, वह **सलात्** जो लोगों को ख़ालिक़ के क़ानून की पैरवी करने का पाबंद बनाने के लिए फ़र्ज़ की गई थी, उसका मुक़ाम बस उस **सलात्** के ज़ाहिरी अमल "**नमाज़**" की अदायगी ही हुसूले जन्नत का ख़ालिस रास्ता बनकर रह गई, और फिर उम्मत "**नमाज़**" भी पढ़ती रही और साथ ही साथ ख़ुदाई क़वानीन से रोगरदानी भी करती रही, वह "**नमाज़**" भी पढ़ती रही और ग़ैरुल्लाह (**अपनी मनमानी पर मबनी क़वानीन**) को अपने **निज़ाआत में हक्रम** भी बनाती रही, और फिर देखते देखते "**सलात**" यानि "**निज़ाम**" क़ायम करना, उसके तयीं क़वानीन का निफ़ाज़ करना और लोगों को तफ़रक़ों में ना पड़ने की नसीहत यानि

وَاعْتَصِمُوا بِحَبْلِ اللّٰهِ جَمِيعًا وَلَا تَفَرَّقُوا ۚ وَاذْكُرُوا نِعْمَتَ اللّٰهِ

"सब मिलकर अल्लाह की रस्सी को मज़बूती से थम लो और तफ़रक़ा ना डालो (जुदा-जुदा ना हो जाओ)" (अल-इमरान-103)

जैसा अहम हुक्म भी महज़ कहने सुनने का एक मामूली अमल बनकर रह गया !

हालाँकि उम्मत को एक मुनज़्ज़म जत्थे की तशकील देने और उम्मत को रुए अर्ज़ पर "निज़ामे सलात" क़ायम करने की इस्तेदाद पैदा करने के लिए अल्लाह का ईमान वालों पर नमाज़ें पंचगाना की अदायगी को फ़र्ज़ क़रार देने का मक़सद ही यही था कि उम्मत इस अमल (नमाज़) के रूहानी असर से अपने अंदर क़ुर्ब ए इलाही को पैदा कर सकें और उसके ज़ाहिरी अमल से उनमें निज़ामे हक़ को क़ायम करने व असकी पैरवी करने की इस्तेदाद पैदा हो जाए !

(ग़ैरउल्लाह को "**हकम**" बनाना यानि ऐसे मजमूए कवानीन पर मबनी निज़ाम

का वह "**हकम**" जिसके सामने **कमज़ोर वा मज़लूम** अपनी बात को ना रख सके और ताक़तवर अपने मौक़िफ़ को साबित करने के लिए अपने असर वा रुसूक से उस "**हकम**" को अपने हक़ में फ़ैसला देने पर मजबूर कर दे !)

दरअसल यही वह ज़ुल्म अज़ीम है जिसके बारे में ख़ालिक़ ने अपने कलाम में फ़रमाया:-

"**إِنَّ الشِّرْكَ لَظُلْمٌ عَظِيمٌ**"

"बेशक शिर्क एक बहुत बड़ा ज़ुल्म है" (सूरह लुकमान:13)

यानि रुए अर्ज़ पर इंसान का "**फ़ितरते इंसानी**" पर मबनी उन क़वानीन से **बग़ावत** (शिर्क़) करना जिसके तहत तमाम इंसानों को यक्सानियत की निगाह से देखते हुए उन्हें **Human moral values and dignity** के तौर पर बराबर क़रार देते हुए तमाम के तमाम इंसानों में **"अदल ओ इंसाफ़ व इंसानी हुक़ूक़"** का पास ओ लिहाज़ रखते हुए बिना किसी **"मज़हबी तफ़रीक़"** के सभी को समाज में बाहैसियते इंसान के बराबर क़रार दिया गया है !

ज़कात (Taxes) -: زكاة

दुनिया में किसी भी निज़ाम का क़याम बग़ैर किसी माली ताअव्वुन के मुमकिन ही नहीं हो सकता, दुनिया की तमाम हुकूमतें चाहे वह माज़ी की हुकूमतें रही हों या आज की **Modern civilised** हुकूमत हो, हर एक हर दौर में हुकूमत चलाने के लिए अवाम से **Revenue** किसी भी **Form** में लेती रही है, क्योंकि बग़ैर इसके किसी भी हुकूमती निज़ाम को एक पल भी चलाया नहीं जा सकता !

तो ज़ाहिर सी बात है कि इस्लामी निज़ाम भी बग़ैर **Revenue** के कैसे चल सकता था, इसलिए अल्लाह ने **निज़ामे हक़** के क़याम और उसके तयीं रहने वाली अवाम की बुनियादी इंसानी ज़रूरियात को पूरा करने के लिए "**ज़कात**" (Tax) की अदायगी को मालदार अवाम पर फ़र्ज़ क़रार दिया !

अवाम से लिये गये इस **Tax** के बदले में ना कि सिर्फ़ हुकूमती एख़राजात बल्कि सम्माज के हर आम व ख़ास की वह बुनियादी ज़रूरियात कि जिसका हासिल होना हर इंसान का बुनियादी हक़ है जैसे **Hospitals, Schools, Road construction, Orphanage, Pension plans** वग़ैरह वग़ैरह को **Provide** कराने को ख़ालिके कायनात ने निज़ामे हक़ **(Islamic state)** का बुनियादी उसूल क़रार दिया !

ख़ालिक़ ए कायनात ने "**ज़कात**" जैसे फ़रीज़ह को उसपर ईमान लाने मालदारों पर फ़र्ज़ क़रार दिया और उन्हें हुक्म दिया कि समाज में चाहे "**निज़ामे हक़**" क़ायम हो या ना हो "**ज़कात**" की **Bottom line** जिसकी मिक़दार **2.5%** है, वह उनपर हर हाल में आयद रहेगी, क्योंकि बहुत मुमकिन है कि फ़िलवक्त जिस निज़ाम के तहत अवाम रह रही है वह निज़ामे हुकूमत अपनी अवाम की बुनियादी ज़रूरियात को पूरा करने में मददगार ना हो, तो ऐसी सूरत में ईमान वाले अज़ख़ुद अपने **Level** से ज़रूरतमंदों की मदद करते रहें, जिसके लिए उन्हें उसकी थोड़ी मिक़दार **(2.5%)** तो हर हाल में अदा करते रहना होगा !

ऐसा इसलिए है कि जब कभी इस्लामी निज़ाम जहां कहीं भी क़ायम हो जाये तब उस इस्लामी हुकूमत के ज़रिये अपनी अवाम से लिया जाने वाला **Tax** (ज़कात) जिसकी मिक़दार **2.5%** से कई गुना बढ़ सकती है **(which is depend on state's requirement)** तो ऐसी सूरत में कम अज़ कम उसपर ईमान लाने वालों के लिये कि जिनका काम ही निज़ाम को क़ायम करना है, उन्हें कोई नया क़ानून ना लगने लगे !

दूसरे यह भी कि कहीं किसी **State** में ऐसा भी हो सकता है कि उस मख़्सूस **State** की अवाम कुल्ली तौर पर खुशहाल हो और **State** का काम **Income tax** के अलावा **Sales tax** या दूसरे ज़राए से आने वाले **Revenue** से पूरा हो जाता हो, तो ऐसी सूरत में अवाम से **Income tax** लेने की ज़रूरत ही पेश ना आएगी, लेकिन आने वाले वक़्त में जब सूरत ए हाल तब्दील हो जाए तो अवाम को हुकूमत को **Tax** देना अपने पर जब्र ना लगने लगे !

इसकी मिसाल ऐसी ही है जैसे कि वूज़ू करने बाद ख़ुफ पहन लेने से दूसरे वूज़ू में सिर्फ़ ख़ुफ पर ऊपर से मसह कर लेना काफ़ी होता है, यह मसह सिर्फ़ याददेहानी के लिए फ़र्ज़ है कि उस शख़्स को यह याद रहे की पैर धोना वूज़ू के फ़रायेज़ में से एक है ! लेकिन अगर ख़ुफ पर मसह को भी मनसूख़ कर दिया जाये तो बिलउमूम इंसान को ख़ुफ ना पहने होने की सूरत में भी पैर धोना याद ना रहेगा और वूज़ू ना मुकम्मल रह जाएगा, और नमाज़ बातिल हो जाएगी, ठीक इसी तरह समाज में चाहे मुकम्मल ख़ुशहाली के दिन ही क्यों ना हों या समाज में तंगहाली हो, दोनों सूरतों में साहिब माल को **2.5% Tax** यानी **"ज़कात"** जैसे माली ताअव्वुन को अदा करना हर हाल में ज़रूरी ही होगा, जिससे कि अपने माल से कुछ हिस्सा औरों पर खर्च करने की आदत बनी रहे !

बहरहाल सूरत ए हाल कोई से भी हो ईमान वालों को यह **Tax** ज़कात के तौर पर हर हाल में अदा करते रहना होगा, बस रुख्सत इतनी ज़रूर होगी कि, क्योंकि समाज में **"इस्लामी निज़ाम"** क़ायम नहीं है, जिसकी वजह से उस समाज में **Taxes** यानी ज़कात लेने का कोई **Centralised system** भी क़ायम नहीं है,

इसलिए वह इस **Tax** यानी ज़कात को इनफ़िरादी तौर पर अपनी मर्ज़ी से जहां चाहें या जिसे चाहे दे सकते हैं, पर उसकी अदायगी और उसकी **Bottom line** की मिक़दार **2.5%** की शर्त हर हाल में में क़ायम रहेगी ! लेकिन यही ज़कात **Islamic state** के क़ायम हो जाने के बाद बिल उमूम अवामी हो जाती है और वह **2.5%** से बढ़कर **State** की ज़रूरियात पर मुनहसिर हो जाती है कि वह **2.5%** की मिक़दार से बढ़कर **25%** से **30%**, तक भी हो सकती है ! और इसके साथ ही वह मज़हबी **Tax** यानि **ज़कात** जो कि अबतक सिर्फ़ ईमान वालों को अदा करनी होती थी वह किसी ख़ास तबक़े (ईमान वालों) के लिए मख़्सूस ना होकर अवामी **Tax** में तब्दील हो जायेगी !

इसलिए क़ुरआन ने ईमान वालों को मुताअददिद मुक़ामात पर "وَأَقِمِ الصَّلَاةَ وَآتِ الزَّكَاةَ" यानि **सलात (निज़ामे हक़)** को क़ायम करो और **ज़कात (Tax)** अदा करो" जैसे बुनियादी ईमानी फ़रीज़ह को क़ायम करने का हुक्म दिया है कि अगर वह इस्लामी निज़ाम क़ायम ना भी कर सके हों, तब भी **सलात (निज़ाम) व ज़कात (Tax)** जैसे अहम फ़रीज़े को क़ायम करने की याददेहानी के तौर पर **निज़ाम** के इज्तेमाई उसूलों को "**नमाज़**" जैसी इबादत का तरीक़ा ए कार बना दिया और उम्मत ए मुस्लिमा पर निज़ाम का **Symbolic act "नमाज़"** और "**ज़कात**" (Tax) की **2.5%** मिक़दार को हर हाल में अदा करना फ़र्ज़ क़रार दिया !

[निज़ामे हक़ का symbolic act "नमाज़" है और Taxes का symbolic act "ज़कात" है !]

यहाँ एक आम ग़लतफ़हमी का इज़ाला ज़रूरी है जो क़ुरआन की इस्तेलाह "**ज़कात**" की ग़लत तर्जुमानी से पैदा होई कि ज़कात सिर्फ़ ईमान वालों से ली जा सकती है, और उस समाज में रहने वाले ग़ैर ईमान वालों को "**इस्लामी निज़ाम**" में ज़कात के बदले में कोई और टैक्स लिया जायेगा ! हालाँकि ज़कात (**Revenue**) एक आम **Tax** है जो कि **State** अपनी अवाम पर आयद करती है जिसमें मज़हब कोई मायने ही नहीं रखता वह तो "**निज़ाम**" को चलाने और अवाम को उसके

हुक़ूक़ मुहैय्या कराने के लिए हर ज़माने में जो भी निज़ाम क़ायम रहा उस निज़ाम के तयीं अपनी अवाम से लिये जाने वाले **Tax** है,जिसको ख़ुसूसन इस्लाम ने उसकी अदायगी की ज़ायदती मिक़दार और उसके बदले में अवाम को उसके तमाम हुक़ूक़ मुहैय्या कराने जैसे अम्र की तजदीद और तसीह का अमल करके नूए इंसानी को उसके ज़ाती माल पर हुकूमत की ऐशो इशरत और उसके ग़लत इस्तेमाल जैसे हुकूमती जरायम पर मुकम्मल लगाम लगा दी ! और **ज़कात** यानि **Tax** हर ज़माने में हर हुकूमती निज़ाम अपनी अवाम से वसूल करती रही है और यह आम फ़हम बात है कि इसके बग़ैर निज़ाम का चलना ना मुमकिन है, तो इस्लामी निज़ाम बग़ैर **Tax** के कैसे चलाया जा सकता है ?

यानि ज़कात एक आम Tax है जिसका मज़हब से कोई ताल्लुक़ नहीं है!

लेकिन जब **ज़कात** की मज़हबी तर्जुमानी की गई तो उसने एक ही **State** में रहने वाली अवाम को मज़हब की बुनियाद पर तकसीम कर दिया, जिससे ग़ैर मुस्लिमों को दुशवारी पेश आना एक फ़ितरी बात है, ख़ुसूसन उन लोगों का मामला जो कि ग़ैर मुस्लिम हैं और जंग करने के काबिल हैं, उनके लिए यह क़वानींन मुरत्तब किए गए कि अगर ऐसे लोगों को **Islamic state** मे रहना है तो उन्हें **State** को **"जिज़्या" (Protection money)** अदा करना होगा तभी वह **State** के वफ़ादार शहरी माने जायेंगे, और इसके बाद ही उन्हें **State** में अमान हासिल होगी, हालाँकि यह इस्लाम के अफ़ाक़ी मेयार से इंतेहाई गई गुज़री सी बात है !

हालांकि "जिज़्या" वह Tax है जो कि इस्लामी हुकूमत में मुसलमानों में से ही उन लोगों पर State के तरफ़ से उनकी बदबख़्ती की वजह से सज़ा के तौर पर आयद किया जाता जिनके बारे में मज़कूरहबाला आयात में तज़किरा किया गया है ! इसका (जिज़्या) ग़ैर ईमान वालों से सिरे से कोई ताल्लुक़ ही नहीं है, ग़ैर ईमान वाले चाहे वह "मुशरिक" हों या साबिक़ा किताब के हामिलीन (अहले किताब), उन सभी लोगों के बारे में क़ुरआन पहले ही ऐलान कर चुका है !

لَكُمْ دِينُكُمْ وَلِيَ دِينِ

لَا إِكْرَاهَ فِي الدِّينِ

जैसी आयात का नुज़ूल करके क़ुरआन जिनके बारे में पहले रुख़्सत बयान कर चुका है तो ऐसा हो ही नहीं सकता कि अल्लाह ख़ुद ही अपनी नाज़िलकरदह आयात की ख़िलाफ़वर्ज़ी करे, यह तो ख़ालिक़ पर इल्ज़ाम लगाना जैसा है कि उसने मुसलमानों को ताक़त ना रखने की सूरत में ग़ैर इमानवालों से किसी और तरह की बात की और फिर जब उन्हें ताक़त और फ़तह हासिल हो गई तो ख़ुद अल्लाह ने ही मुसलमानों को यह सबक़ दिया कि वह अब चूँकि उन्हें ताक़त फ़तह हासिल हो गई है इसलिए अब तुम अपने दिये गये तमाम वायदों से फिर जाओ और अब इन लोगों से (ग़ैरमुस्लिमों) से लड़ो और इनको ज़ेर करके **Secondary citizen** बनाकर छोटा बनकर रहने को मजबूर कर दो और साथ ही इनपर "**जिज़्या**" **(Religious tax)** भी आयद करो !

दरअसल यह क़ुरआन के साथ खुला हुआ ज़ुल्म था जो कि माज़ी के मुफ़स्सिरीन के ज़ीरिये वुक़ुअपज़ीर हुआ, जिसने क़ुरआन को रुए अर्ज़ पर बसने वाले तमाम इंसानों की फ़लाह व बहबूद की किताब से गिराकर उसे एक ख़ास तबके की "मज़हबी" किताब बनाकर रख दिया

और फिर वही हुआ जो एक मज़हबी किताब दूसरे मज़हब के मानने वालों के साथ बिलउमूम किया करती है, उससे "**दीन ए इस्लाम**" अपनी अफ़ाक़ियत से गिरकर "**मज़हब ए इस्लाम**" में तब्दील हो गया, और इस्लाम के क़वानीन जो तमाम इंसानों की फ़लाह व बहबूद के लिये थे वह सभी "**मज़हबी**" क़वानीन में तब्दील हो गये, और फिर इस तरह अवाम का हुकूमत को दिया जाने वाले **Tax** की दो क़िस्में वुजूद में आ गईं "**जिज़्या** और **ज़कात**" जिसमें "**जिज़्या**" को इस्लामी सल्तनत में रहने वाले ग़ैर मुस्लिमों से और "**ज़कात**" को मुस्लिमों से लिया जाने वाला **Tax** क़रार दे दिया गया !

हालाँकि यह कैसे मुमकिन है कि जो "**निज़ाम**" अपने आप को "**अफ़ाकी निज़ाम**" से ताबीर करता हो उस "**निज़ाम**" के तयीं नाफिज़ किए जाने वाले क़वानीन "**अफ़ाकी**" ना होकर "**मज़हबी**" अक़ायद की बुनियाद पर मबनी हों ? और अगर ऐसा किया जाएगा तो "**इस्लामी निज़ाम**" किसी भी हाल में "**अफ़ाकी निज़ाम**" क़रार नहीं पायेगा !

इसलिए बहुत ज़रूरी है कि क़ुरआनी इस्तेलाहात की "**मज़हबी**" तर्जुमानी के बरअक्स उसकी "**अफ़ाकी**" तर्जुमानी की जाए, जिससे "**इस्लाम**" और उसकी किताब "**क़ुरआन**" की इशाअत और उसके मानने वालों से दूसरी क़ौमें मज़हबी बुनियादिन पर ख़ौफ़ज़दह ना हों !

(**जिज़्या** की तफ़सील अगले सफ़हत में सूरह तौबा के ज़ेमिन में बयान की गई है)

ज़कात और **जिज़्या** की इस तफ़रीक़ ने इंसानी समाज में **Discrimination** को जन्म दिया, और इंसान **मज़हब** की बुनियाद पर दो हिस्सों में तक़सीम हो गया!

हालाँकि क़ुरआन ने तमाम इंसानों को हक़ और नाहक़ (सत्य व असत्य, धर्म व अधर्म) की बुनियाद पर तक़सीम किया है ! जिसके लिये उसने उसके नाज़िल करदह किताबे हिदायत में दो तरह की आयात का नुज़ूल किया !

इन दोनों तरह की आयात पर ग़ौर करने से हमें पता चलता है अल्लाह ने इंसानों में ईमान लाने वालों को दो हिस्सों में तक़सीम फ़रमाया है :-

1-अल्लाह पर ईमान लाने वाले लोग :-

क़ुरआन ने इंसानों को उसकी आयात पर ईमान लाने का हुक्म दिया है, जिसमें ईमान लाने से मुराद दो पहलुओं की ओर है :-

لَا إِلٰهَ إِلَّا اللّٰهُ

إِنِ الْحُكْمُ إِلَّا لِلَّهِ

और इन्हीं दोनों पहलुओं के मद्देनज़र क़ुरआन ने अल्लाह पर ईमान लाने वाले लोगों को दो गिरोहों में बाँटा है, और इन दोनों गिरोहों के लिए उसने दो तरह की आयात का नुज़ूल फ़रमाया!

(1) पहली तरह की आयात जिनमें ईमान लाओ से मुराद ख़ालिक़ को **"ईलाहुल आलमीन मानना यानि उसको वादहु ला शरीक"** मानना है !

(2) दूसरी तरह की आयात में ईमान लाओ से मुराद उसका रूए अर्ज़ पर **"हाकिमे मुतलक़"** होना यानि उसकी **"हाकमियत"** पर ईमान लाना है !

इस तरह तमाम इंसानों को क़ुरआनी नज़रिए ने दो गिरोहों में तक़सीम किया है !

(A)- वह जिन्होंने क़ुरआन के दो हातिम और अब्दी हुक्म " **لَا إِلَٰهَ إِلَّا اللَّهُ**" (अल्लाह के सिवा कोई माबूद नहीं) और साथ ही साथ उसकी हक़ीमियत यानि **إِنِ الْحُكْمُ إِلَّا لِلَّهِ** (अल्लाह के सिवा किसी का हुक्म नहीं) दोनों का इक़रार करने व उसकी मुकम्मल इताअत करने वाले लोग !

(B)- वह लोग जिन्होंने अल्लाह को अपना **"ईलाह"** मानने से तो इनकार दिया, (यानि उसकी उलुहियत "**لَا إِلَٰهَ إِلَّا اللَّهُ**" से कुफ्र करने वाले लोग), लेकिन उसके नाज़िल करदह क़वानींन को "**إِنِ الْحُكْمُ إِلَّا لِلَّهِ**" के तहत अपना हकम मानने और उसके मातहत रहने को क़ुबूल कर लिया, और वह रुकुअ करने **(To bow under the existing system)** वालों के साथ रुकुअ करने पर राज़ी हो गये, तो ऐसे लोग ख़ालिक़ के हुक्म "**وَأَقِيمُواْ الصَّلاَةَ وَآتُواْ الزَّكَاةَ وَارْكَعُوا مَعَ الرَّاكِعِينَ**" **नमाज़ यानी निज़ामे हक़ क़ायम करो और ज़कात यानी Tax अदा करो और**

इताअत करने वालों के साथ इताअत करो) के मुताबिक़ " إِنِ الْحُكْمُ إِلَّا لِلَّهِ " को तस्लीम करने वाले लोगों में शामिल हो गये !

इन दोनों गिरोहों के लिए उसने **State** के लिए अहकामात नाज़िल किए !

पहला गिरोह जोकि ख़ालिक़ पर मुकम्मल ईमान रखने वालों का है, ख़ालिक़ उन्हें इस बात की तम्बीह कर रहा है कि जो लोग उसकी **उलूहियत** पर ईमान ना लाने पर बज़िद हैं, उनके इस मामले (उलूहियत) में उसने इस दुनिया में किसी तरह की कोई ज़ोर ज़बरदस्ती नहीं कर रखखी है, जिसका दिल करे ईमान लाए जिसका ना करे ना लाए, इसके लिए तुम लोग (ईमान वाले) उन्हें ख़ालिक़ की उलूहियत का क़ायल करने के लिए उनपर किसी भी तरह का जब्र नहीं कर सकते, इस अम्र के तहत उसने कुरआनी आयात में **State** को पाबंद करते हुए फरमाया कि ऐसे लोगों के लिए हमने

فَذَكِّرْ إِنَّمَا أَنتَ مُذَكِّر

لَا إِكْرَاهَ فِي الدِّين

لَكُمْ دِينُكُمْ وَلِيَ دِينِ

जैसी आयात का नुज़ूल फरमाया है जिसपर अमल करना **State** पर फ़र्ज़ है !

दूसरा ईमान लाने वाला गिरोह जो सिर्फ़ ख़ालिक़ की **हाकमियत** पर ईमान लाने वालों का है क़ुरआनी आयात के मुताबिक़ वहाँ **ईमान लाने** लोगों से मुराद उसकी "**हाकिमियत**" पर ईमान लाना यानि उन सभी क़वानीन की पैरवी करना जो उसने कुल्ली तौर पर सिर्फ़ और सिर्फ़ इंसानी मफ़ादात के लिये नाज़िल फ़रमाए हैं, यानि वह तमाम आयात जो कि रुए अर्ज़ पर बसने वाले तमाम इंसानों के बुनियादी इंसानी हुक़ूक़ की तकमील के लिये नाज़िल की गई है, उनकी इताअत को तस्लीम कर लेने वाले लोग ख़ालिक़ की नज़र में **State** के मुतिअ वा फ़र्मबरदार व उसके क़वानीन पर ईमान लाने वाले बामायने उसे अपने तमाम मामलात में हक़म तस्लीम कर लेने

वाले लोग क़रार देये गए ! और ऐसे तमाम लोगों के लिए उसने **State** को पाबंद बनाया कि यह लोग **State** में बराबर के शहरी हैं और इनके साथ (हालाँकि वह ख़ालिक़ की उलूहियत व रिसालत के मुनकिर हैं) किसी भी तरह की तफ़रीक़ करना जायज़ ना होगा जिसके लिए उसने **State** को पाबंद बनाने के लिए क़ुरआनी आयात का नुज़ूल फ़रमाया और **State** को हुक्म दिया कि ऐसे लोगों पर

وَلَوْ كَرِهَ الْكَافِرُون

وَلَوْ كَرِهَ الْمُشْرِكُون

जैसी आयात का इतलाक़ होता है जिसपर अमल करना State पर फ़र्ज़ है

क़ुरआन की इस्तेलाहें "**ईमान, कुफ्र वा शिर्क**" की अफ़ाक़ी तर्जुमानी की जानी चाहिए जिसकी वह मुस्तहक़ है! यह वह इस्तेलाहें हैं जिसका इस्तेमाल "**ईमान वाले या काफ़िर**" के तौर पर किया गया है!

क़ुरआन में यह इस्तेलाहें नीचे बयान की गईं बुनियादी दो आयात की Acceptance or Violation के ज़ेमिन में इस्तेमाल की गई हैं!

لَا إِلَٰهَ إِلَّا ٱللَّهُ

إِنِ الْحُكْمُ إِلَّا لِلَّهِ

क़ुरआन अपने मौज़ू के ऐतेबार से कहीं पहली तो कहीं दूसरी आयत के **Acceptance or Violation** के तहत नुए इंसानी से ख़िताब कर रहा होता है, लेकिन बदक़िस्मती से इन इस्तेलहात की तर्जुमानी हर मुक़ाम पर पहली आयत के ज़ेमिन में ही की गई हैं! और इस "**मज़हबी**" तर्जुमानी ने क़ुरआनी आयात का रुख़ ही मोड़कर रख दिया, जिससे क़ुरआन का पैग़ाम "**अफ़ाक़ी**" ना होकर कुल्ली तौर पर "**मज़हबी**" बनकर रह गया!

मिसाल के तौर पर सूरह निसा :144 पर ग़ौर कीजिए!

يَا أَيُّهَا الَّذِينَ آمَنُوا لَا تَتَّخِذُوا الْكَافِرِينَ أَوْلِيَاءَ مِن دُونِ الْمُؤْمِنِينَ ۚ

"ऐ ईमान वालों तुम "मोमिनीन" को छोड़कर "काफ़िरों" को अपना सरपरस्त ना बनाओ "

यहाँ लफ़्ज़े "**काफ़िर**" वा "**मोमिनीन**" का मफ़हूम बिल उमूम उसी पहली आयत के ज़ेमिन में लिए जाने की वजह से उससे मुराद "**ग़ैर मुस्लिम**" वा "**मुसलमान**" ही समझा जाता है जिससे फिर आयत का यही मफ़हूम निकला कि अल्लाह ने "मुसलमानों को काफ़िरों से दोस्ती करने को मना फरमाया है"!

ईमानों वा **कुफ़्र** की इस ग़लतफ़हमी ने क़ुरआनी फ़हम को तब्दील करके रख दिया, जिसके सबब "**मुसलमानों**" को यह ग़लतफ़हमी लाहक़ हो गई कि वह ही तो ख़ालिक़ के चहेते लोग हैं और उन्हीं के लिए ही तो ख़ालिक़ ने जन्नत सजाकर रक्खी है!

हालाँकि क्या यह बात किसी साहिबे अक़्ल के दिमाग़ में समाती है कि ख़ालिक़ इंसानी ताल्लुक़ात का मेयार "**मज़हब**" को क़रार देता हो?

या उसे यह बात ज़्यादा मौज़ूअ नज़र आती है कि जो शख़्स समाज में इंसानी मेयारात पर खरा ना उतरता हो यानि ऐसा शख़्स जो उन इंसानी ओसाफ़ से गिरा हुआ हो यानि वह ओसाफ़ जिसकी वजह से हज़रते इंसान को "**अशरफ़ुल मख़लूक़**" क़रार दिया गया है उससे अपने ताल्लुक़ात ना रक्खो?

हालाँकि मुंदरजबला आयत क्योंकि State से मुतल्लिक़ है इसलिए उसके मुख़्तीबीन State से "कुफ़्र" करने वाले यानि State में रहने वाले वह लोग जो State के वफ़ादार होने के बजाए उसके बाग़ी हैं ऐसे लोग जो कि मुल्क (State) के शहरी हैं लेकिन उसके Constitution को मानने के बजाए उससे बग़ावत (कुफ़्र) करने जैसे अज़ीम जुर्म में मूलव्विस हों, क़ुरआनी आयात State की **Soverignity**

के ख़ातिर दूसरे वफ़ादार शहरियों को उनसे दूर रहने वा उन्हें अपना रफ़ीक़ या सरपरस्त ना बनाने की तलक़ीन करता है !

दरअसल क़ुरआन यहाँ **State** में रहने बसने वाले **Natives** को **"ईमान वाला"** क़रार देकर (अल्लाह की हाकिमियत पर ईमान लाने वाले लोग) यह हिदायत दे रहा है कि तुम्हें ऐसे लोगों से ताल्लुक़ रखने या उनकी रहनुमाई से कुल्ली इजतेनाब करना चाहिए जो लोग **State** में नाफ़िज कवानीन के बाग़ी यानि उससे **"कुफ़्र"** करने वाले हैं, और फ़रमा रहा है कि **"ऐ ईमान वालों"** यानि **State** के वफादारों तुम्हें ऐसे लोगों से दोस्ती या उन्हें अपना सरपरस्त नहीं बनाना चाहिए जो लोग **State** के क़वानीन से **"कुफ़्र"** करने वाले हैं !

वह शख़्स जो कि ना मुल्क के निज़ाम का वफ़ादार है और ना ही उसके तयीं नाफिज़ होने वाले क़वानीन का मानने वाला है, ऐसा शख़्स जब जुज़वी तौर पर इस अमल को अंजाम देता है तो क़ुरआन उसके बारे में फ़रमाता है कि "जो लोग अल्लाह के नाज़िल करदह क़ानून के मुताबिक़ फ़ैसला नहीं करते वही तो "काफ़िर" हैं ! (सूरह अल मायदा :44)

हालाँकि यह उन्हें **"काफ़िर"** कहा जा रहा हैं जिन्होंने ईमान लाने का दावा भी कर रक्खा है (यानि मुसलमान), लेकिन वह अपने मामलात में क़ुरआन को हक़म नहीं बनाते, इसलिए ऐसे लोग भी जो हालाँकि ख़ालिक़ की उलूहियत के क़ायल है लेकिन उसकी हक़ीमियत से बग़ावत करने की पादाश में वह (मुसलमान) क़ुरआनी इस्तेलाह में **"निज़ाम व मुल्क"** से **"कुफ़्र"** करने वाले कहलाते हैं!

इसतरह जब कोई शख़्स इस **"काफ़िराना"** अमल को कुल्ली तौर पर यानि अपने हर अमल को **State** के क़वानीन के ख़िलाफ़ अंजाम देता हो तो ऐसा शख़्स क़ुरआनी फ़हम के मुताबिक़ **Traitor of the sovereign state** क़रार दिया जाएगा!

हकीकत यह है कि क़ुरआनी इस्तिलाह में **"ईमान वा कुफ़्र"** का ताल्लुक़ महज़

ख़ालिक़ की "**उलूहियत**" पर ईमान लाना या उससे "**कुफ़्र**" करने से ही नहीं है बल्कि उसकी "**हाकिमियत**" को तस्लीम करना या उससे बग़ावत करना भी ऐसा ही "**ईमान**" वा "**कुफ़्र**" है जैसे उसकी "**उलूहियत**" के बारे में बिलउमूम समझा जाता है!

इस उसूल के मुताबिक़ मुंदरज़ाबला आयत में ख़ालिक़ ऐसे "**काफ़िरों**" को जो State के दुश्मन हैं उनसे "**ईमान वालों**" (State के वफ़ादार शहरी) को दूर रहने, दोस्त बनाने, सरपस्त बनाने वा उनसे दिल्ली ताल्लुक़ रखने को **Sovereignty of the state** की बक़ा की ख़ातिर मना फ़रमा रहा है!

ख़ुलासये कलाम यह है कि क़ुरआन किसी इंसान को दूसरे इंसान से दोस्ती, दुश्मनी करने का मेयार उसके मज़हब की बुनियाद पर क़तआन क़रार नहीं देता बल्कि उसके किरदार को बुनियाद क़रार देता है !

इस तरह क़ुरआन ने अपने मौज़ु के ऐतेबार से कहीं पहले गिरोह को तो कहीं दूसरे गिरोहों को "ईमान" लाने वालों कहकर ख़िताब किया है !

2- अल्लाह से कुफ़्र (बग़ावत) करने वाले लोग :-

क़ुरआनी इस्तेलाह में अल्लाह से कुफ़्र या बग़ावत करना दोनों तरह के लोगों के लिए इस्तेमाल होआ है !

(A)- वह लोग जिन्होंने ना तो अल्लाह की उलुहीयत को यानि

"إِلٰهَ إِلَّا اللّٰه" को क़ुबूल किया और ना ही उसके नाज़िल करदह उन क़वानीन को जो सरासर इंसानी हुक़ूक़ पर मबनी हैं जिन्हें कि महज़ इंसानों की फ़लाह वा बेहबूद के लिए नाज़िल फ़रमाया गया है उन्हें "إِنِ الْحُكْمُ إِلَّا لِلّٰهِ" के तहत उसकी इताअत को तस्लीम किया हो !

(B)- वह लोग जो अल्लाह को अपना ईलाह तो मानते हैं, यानि ख़ालिक़ के

हुक्म "لَا إِلَٰهَ إِلَّا اللهُ" का तो इक़रार करते हैं लेकिन उसके नाज़िल करदह क़वानींन के तयीं रहना और उसकी इताअत करने में रोगरदानी करते हैं, यानि वह लोग जो ख़ालिक़ के हुक्म "إِنِ الْحُكْمُ إِلَّا لِلَّهِ" की इताअत करने पर राज़ी नहीं हैं, ऐसे लोग जो कि ख़ालिक़ के मजमुए क़वानीन को अपने तमाम मामलात का हक़्म तस्लीम नहीं करते तो भले ही वह उसकी उलुहियत पर ईमान क्यों ना रखते हों, क़ुरआन उन्हें "कुफ़्र" करने वाले लोगों में ही शुमार करता है !

यहाँ मिसाल के तौर पर क़ुरआन की इन आयात पर गौर कीजिए:-

إِنَّ ٱلَّذِينَ كَفَرُوا۟ وَمَاتُوا۟ وَهُمْ كُفَّارٌ أُو۟لَـٰٓئِكَ عَلَيْهِمْ لَعْنَةُ ٱللَّهِ وَٱلْمَلَـٰٓئِكَةِ وَٱلنَّاسِ أَجْمَعِينَ (अल बकरह 161)

(जिन लोगों के कुफ़्र का रवैय्या ऐख़्तेयार कर लिया और और कुफ़्र की हालत में ही जान दे दी, उनपर अल्लाह फ़रिश्तों और तमाम इंसानों की लानत है)

इन आयात की तफ़सीर में सैयद अबुल आला मौदूदी साहब इंसानों के ज़रिए किए जाने वाले "कुफ़्र" की अक़साम बयान करते हुए तफ़हीमुल क़ुरआन में फ़रमाते हैं:-

"एक यह कि इंसान सिरे से खुदा ही को ना माने, या उसके इक़्तेदारे आला को तस्लीम ना करे और उसको अपना वा सारी कायनात का मालिक और माबूद मानने से इनकार कर दे, या उसे वाहिद मालिक व माबूद ना माने !

दूसरे यह कि वह "अल्लाह" को तो माने लेकिन उसके अहकाम और उसकी हिदायत को वाहिद मंबाये इल्म वा क़ानून तस्लीम करने से इनकार कर दे" !

इसकी और वज़ाहत इस ज़ेमिन में कि जो लोग अल्लाह पर ईमान लाने के बाद भी अपने अमल से "कुफ़्र" पर आमादा रहते हैं ऐसे लोगों की तर्जुमानी में आगे फ़रमाते हैं:-

"छठे यह कि नज़रियाती तौर पर तो उन सब चीज़ों को मान ले मगर अमलन अहकामे इलाही की दानिस्ता नाफ़रमानी करे और उसी नाफ़रमानी पर इसरार करता रहे और दुनियावी ज़िन्दगी में अपने रवैय्ये की बिना इताअत पर नहीं बल्कि नाफ़रमानी पर रक्खे"! (तफ़हीमुल क़ुरआन, सुरह बकरह:161)

(यानि वह अल्लाह की "**उलूहूहियत**" का तो क़ायल हो लेकिन उसकी "हाकिमियत" का मुंकिर हो) एक दूसरी जगह ख़ालिक़ ने इंसानों के कुफ्र को बयान करये हुए फ़रमाया:-

وَمَن لَّمْ يَحْكُم بِمَا أَنزَلَ ٱللَّهُ فَأُو۟لَـٰٓئِكَ هُمُ ٱلْكَـٰفِرُونَ

"और जो लोग उस (क़ानून) के मुताबिक़ फ़ैसला नहीं करते जो अल्लाह ने उतारा है, वही लोग काफ़िर हैं।" (अल मायदा:44)

यहाँ "**जो लोग**" से मुराद वह ईमान वाले जोकि "**मुसलमान**" है, क्योंकि इन्हीं लोगों ने ही तो क़ुरआन पर ईमान लाने का दावा कर रक्खा है और बावजूद इसके वह अपने तमाम मामलात में क़ुरआनी क़वानीन के मुताबिक़ फ़ैसला नहीं करते यानि अपने तमाम मामलात में क़ुरआन को हकम नहीं बनाते, ऐसे लोगों को जोकि हालाँकि मुसलमान हैं लेकिन उनके इस ज़ालिमाना अमल को अल्लाह "**कुफ्र**" से ताबीर करता है !

इस तरह क़ुरआन ने अपने मौज़ु के ऐतेबार से कहीं एक गिरोह को तो कहीं दूसरे गिरोहों को "कुफ्र" करने वाले कहकर ख़िताब किया है !

क़ुरआन की इस्तेलाहें "**ईमान, कुफ्र वा शिर्क**" की अफ़ाक़ी तर्जुमानी की जानी चाहिए जिसकी वह मुस्तहक़ है ! यह वह इस्तेलाहें हैं जिसका इस्तेमाल "**ईमान वाले या काफ़िर**" के तौर पर किया गया है !

क़ुरआन में यह इस्तेलाहें नीचे बयान की गईं बुनियादी दो आयात की **Acceptance or Violation** के ज़ेमिन में इस्तेमाल की गई हैं !

لَا إِلٰهَ إِلَّا ٱللَّهُ

إِنِ الْحُكْمُ إِلَّا لِلَّهِ

क़ुरआन अपने मौज़ू के ऐतेबार से कहीं पहली तो कहीं दूसरी आयत के **Acceptance or Violation** के तहत नुए इंसानी से ख़िताब कर रहा होता है, लेकिन बदक़िस्मती से इन इस्तेलहात की तर्जुमानी हर मुक़ाम पर पहली आयत के ज़ेमिन में ही की गई हैं ! और इस "**मज़हबी**" तर्जुमानी ने क़ुरआनी आयात का रुख़ ही मोड़कर रख दिया, जिससे क़ुरआन का पैग़ाम "**अफ़ाक़ी**" ना होकर कुल्ली तौर पर "**मज़हबी**" बनकर रह गया !

मिसाल के तौर पर सूरह निसा :144 पर ग़ौर कीजिए !

يَا أَيُّهَا الَّذِينَ آمَنُوا لَا تَتَّخِذُوا الْكَافِرِينَ أَوْلِيَاءَ مِن دُونِ الْمُؤْمِنِينَ ۚ

"ऐ ईमान वालों तुम "मोमिनीन" को छोड़कर "काफ़िरों" को अपना सरपरस्त ना बनाओ "

यहाँ लफ़्ज़े "**काफ़िर**" वा "**मोमिनीन**" का मफ़हूम बिल उमूम उसी पहली आयत के ज़ेमिन में लिए जाने की वजह से उससे मुराद "**ग़ैर मुस्लिम**" वा "**मुसलमान**" ही समझा जाता है जिससे फिर आयत का यही मफ़हूम निकला कि अल्लाह ने "मुसलमानों को काफ़िरों से दोस्ती करने को मना फरमाया है " !

ईमानों वा **कुफ़्र** की इस ग़लतफ़हमी ने क़ुरआनी फ़हम को तब्दील करके रख दिया, जिसके सबब "**मुसलमानों**" को यह ग़लतफ़हमी लाहक़ हो गई कि वह ही तो ख़ालिक़ के चहेते लोग हैं और उन्हीं के लिए ही तो ख़ालिक़ ने जन्नत सजाकर रक्खी है !

हालाँकि क्या यह बात किसी साहिबे अक़्ल के दिमाग़ में समाती है कि ख़ालिक़

इंसानी ताल्लुक़ात का मेयार "**मज़हब**" को क़रार देता हो?

या उसे यह बात ज़्यादा मौज़ूअ नज़र आती है कि जो शख़्स समाज में इंसानी मेयारात पर खरा ना उतरता हो यानि ऐसा शख़्स जो उन इंसानी ओसाफ़ से गिरा हुआ हो यानि वह ओसाफ़ जिसकी वजह से हज़रते इंसान को "**अशरफ़ुल मख़लूक़**" क़रार दिया गया है उससे अपने ताल्लुक़ात ना रख्खो?

हालाँकि मुंदरजबला आयत क्योंकि State से मुतल्लिक़ है इसलिए उसके मुख़्तीबीन State से "कुफ़्र" करने वाले यानि State में रहने वाले वह लोग जो State के वफ़ादार होने के बजाए उसके बाग़ी हैं ऐसे लोग जो कि मुल्क (State) के शहरी हैं लेकिन उसके Constitution को मानने के बजाए उससे बग़ावत (कुफ़्र) करने जैसे अज़ीम जुर्म में मूलव्विस हों, क़ुरआनी आयात State की **Soverignity** के ख़ातिर दूसरे वफ़ादार शहरियों को उनसे दूर रहने वा उन्हें अपना रफ़ीक़ या सरपरस्त ना बनाने की तलक़ीन करता है !

दरअसल क़ुरआन यहाँ **State** में रहने बसने वाले **Natives** को "**ईमान वाला**" क़रार देकर (अल्लाह की हाकिमियत पर ईमान लाने वाले लोग) यह हिदायत दे रहा है कि तुम्हें ऐसे लोगों से ताल्लुक़ रखने या उनकी रहनुमाई से कुल्ली इजतेनाब करना चाहिए जो लोग State में नाफ़िज कवानीन के बाग़ी यानि उससे "**कुफ़्र**" करने वाले हैं, और फ़रमा रहा है कि "**ऐ ईमान वालों**" यानि **State** के वफादारों तुम्हें ऐसे लोगों से दोस्ती या उन्हें अपना सरपरस्त नहीं बनाना चाहिए जो लोग **State** के क़वानीन से "**कुफ़्र**" करने वाले हैं !

वह शख़्स जो कि ना मुल्क के निज़ाम का वफ़ादार है और ना ही उसके तयीं नाफिज़ होने वाले क़वानीन का मानने वाला है, ऐसा शख़्स जब जुज़वी तौर पर इस अमल को अंजाम देता है तो क़ुरआन उसके बारे में फ़रमाता है कि "जो लोग अल्लाह के नाज़िल करदह क़ानून के मुताबिक़ फ़ैसला नहीं करते वही तो "काफ़िर" हैं (सूरह अल मायदा :44) !

हालाँकि यह उन्हें "**काफ़िर**" कहा जा रहा हैं जिन्होंने ईमान लाने का दावा भी कर रक्खा है (यानि मुसलमान), लेकिन वह अपने मामलात में क़ुरआन को हक्रम नहीं बनाते, इसलिए ऐसे लोग भी जो हालाँकि ख़ालिक़ की उलूहियत के क़ायल है लेकिन उसकी हक़ीमियत से बग़ावत करने की पादाश में वह (मुसलमान) क़ुरआनी इस्तेलाह में "**निज़ाम व मुल्क**" से "**कुफ्र**" करने वाले कहलाते हैं !

इसतरह जब कोई शख़्स इस "**काफ़िराना**" अमल को कुल्ली तौर पर यानि अपने हर अमल को **State** के क़वानीन के ख़िलाफ़ अंजाम देता हो तो ऐसा शख़्स क़ुरआनी फ़हम के मुताबिक़ **Traitor of the sovereign state** क़रार दिया जाएगा !

हकीकत यह है कि क़ुरआनी इस्तिलाह में "**ईमान वा कुफ्र**" का ताल्लुक़ महज़ ख़ालिक़ की "**उलूहियत**" पर ईमान लाना या उससे "**कुफ्र**" करने से ही नहीं है बल्कि उसकी "**हाकिमियत**" को तस्लीम करना या उससे बग़ावत करना भी ऐसा ही "**ईमान**" वा "**कुफ्र**" है जैसे उसकी "**उलूहियत**" के बारे में बिलउमूम समझा जाता है !

इस उसूल के मुताबिक़ मुंदरज़ाबला आयत में ख़ालिक़ ऐसे "**काफ़िरों**" (State से बग़ावत करने वाले) से "**ईमान वालों**" (State के वफ़ादार शहरी) को दूर रहने, दोस्त बनाने, सरपस्त बनाने वा उनसे दिल्ली ताल्लुक़ रखने को **Sovereignty of the state** की बक़ा की ख़ातिर मना फ़रमा रहा है !

ख़ुलासये कलाम यह है कि क़ुरआन किसी इंसान को दूसरे इंसान से दोस्ती, दुश्मनी करने का मेयार उसके मज़हब की बुनियाद पर क़तआन क़रार नहीं देता बल्कि उसके किरदार को बुनियाद क़रार देता है !

क़ुरआन यही उसूल State के शहरियों पर लागू करता है जिसके तहत वह उनकी दोस्ती, दुश्मनी का मेयार State के Constitution से वफ़ादारी व बग़ावत को क़रार देता है !

क़ुरआनी उसूल के मुताबिक़ किसी भी मुल्क में रहने वाले किसी शहरी को अपने मुल्क के Constitution से ना जुज़वी ना कुल्ली तौर पर बग़ावत करने का कोई हक़ हासिल नहीं है, और ना ही किसी State का कोई शहरी State within the state की कोई तहरीक चला सकता है!

क़ुरआन के इसी उसूल के तहत दुनिया के किसी भी मुल्क में वहाँ क़ायमकरदह मौजूदा निज़ाम के ख़िलाफ़ वहाँ के शहरियों के ज़रिए "इस्लामी निज़ाम" के क़ायम के नाम से चलाई जाने वाली तहरीकें उस मुल्क से बग़ावत करने के ही ज़ुमरे में आती हैं!

यहाँ "**ईमान वा कुफ़्र**" जैसी क़ुरआनी इस्तेलाहात की वज़ाहत करने का मकसद यही है कि बिलउमूम अवाम में आम फ़हम है कि क़ुरआन में बयानकरदह इस्तेलाहें जिसमे "**ईमान वाले**" कहकर ख़िताब किया गया है तो इससे "**ईमान**" से मुराद हम "**मुसलमान**" हैं और जिन जगहों पर लफ़्ज़े "**कुफ़्र**" का इस्तेमाल हुआ है वह तो तो "**गैरमुस्लिमों**" के लिए हैं, इससे हमारा क्या लेना देना?

हालाँकि क़ुरआनी इस्तेलाह **"कुफ़्र वा ईमान" मुतलक़न "ग़ैर मुस्लिम वा मुसलमान"** के लिए ही ना होकर अपने मौज़ू के ऐतबार से लोगों पर उन इस्तेलहात का इतलाक़ होता है!

इस ग़लतफ़हमी ने क़ुरआनी फ़हम को बदल कर रख दिया, और फिर नतीजतन क़ुरआनी आयात का वह मायना ज़ाहिर ना हो सका कि जिससे क़ुरआन तमाम नुए इंसानी के लिए नाज़िल किया जाने वाला कलाम साबित होता, इसके बरअक्स वह मौजूदा दूसरी "**मज़हबी किताबों**" जैसी एक किताब क़रार पायी गई जिसमे सिर्फ़ उसपर ईमान लाने वालों (मुसलमानों) के लिए कुछ हिदायात, नसीहतें, और ख़ुसूसन उनकी (मुसलमानों) दूसरों पर बरतरी व उसपर ईमान ना लाने वालों की हिक़ारत भरी तस्वीर के सिवा कोई **Universal instruction** जोकि तमाम इंसानों के फलाह व बहबूद के लिए हो, नज़र नहीं आती!

ऐसे में एक "ग़ैरमुस्लिम" उसे (क़ुरआन को) कैसे अपने गले से लगा सकता है कि जब उस कलाम में उसे "नाजिस व पलीद" से ख़िताब किया गया हो, एक यहूदी व ईसाई उसे कैसे अपना कलाम मानने को तैय्यार हो सकता है कि जब वह कलम उससे "जिज़्या" वसूल करके उसे Secondary citizen" बनाने की बात कर रहा हो ?

बहरहाल हो जो भी मेरे नज़दीक मुफ़स्सिरीन के ज़रिए की गई क़ुरआन की इस तर्जुमानी ने क़ुरआन के उस बुलंद मुक़ाम को घटाकर एक मामूली **"मज़हबी किताब"** बना दिया जिसकी पादाश में आज तमाम दुनिया क़ुरआन की बेहुरमती को खुली आँखों से देख रही है !

इस जुर्म को ख़ुद मुसलमानों ने अंजाम दिया, और इल्ज़ाम ग़ैरों पर यह कि लोग इस्लाम से दुश्मनी करते हैं !

अम्र बिल मारूफ़ أَمْرُ بِالْمَعْرُوفِ

क्योंकि इंसान को इंसान पर हुक्मरानी का इख्तेयार मिला ही सिर्फ़ इस वजह से है कि कोई इंसान किसी दूसरे इंसान की हक़्क़ उदूली ना कर सके, तो ज़ाहिर सी बात है कि इंसान को उन तमाम हुक़ूक़ से जो ख़ालिके कायनात ने उसे अता किए हैं, उससे हर आम ओ ख़ास को अरास्ता करा देने से बड़ा **मारूफ़** काम एक आदिल हाकिम ए वक़्त के लिए और हो ही क्या सकता है, और क्योंकि हाकिम और उसकी हुकूमत के तयीं क़वानीन का निफ़ाज (चाहे वह आदिलाना रहा हो या ज़ालिमाना) तो हर दौर में रहा है, लेकिन जब भी रुए अर्ज़ पर आदिलाना निज़ाम (**निज़ामे सलात्**) समाज में क़ायम ना रहा तो उस दौर के हाकिम ए वक़्त ने अपनी अवाम पर मनमानी हुकूमत की और अपनी अवाम में कमज़ोरों के तमाम इंसानी हुक़ूक़ सल्ब करने में कोई कसर बाक़ी ना रक्खी थी !

यही वह अहम मारूफ़ काम है जिसे समाज में क़ायम करने के लिए ताक़त व इक़्तेदार की ज़रूरत पेश आती है, वरना किसी आम भली बात को किसी दूसरे इंसान से कहने का हक़्क़ तो इंसान को महक़ूमियत के दौर में भी हासिल होता है, अगर नहीं हासिल होता है तो वह वही उमूर होते हैं जिसपर समाज के ताक़तवरों का क़ब्ज़ा होता है और उस समाज में रहने बसने वाले किसी इंसान में उसके ख़िलाफ़ आवाज़ बुलंद करने की जुर्रत भी नहीं होती, जिसकी वजह से ख़ालिके कायनात ने इंसान को उसका बुनियादी इंसानी हक़्क़ दिलाने की ख़ातिर इस अहम अम्र यानि "अम्र बिल मारूफ़" को वापस समाज में क़ायम करने के लिए उसे "इस्लामी निज़ाम" के बुनियादी उसूलों में से एक अहम उसूल क़रार दिया !

दौरे क़दीम की तारीख़ गवाह है कि जैसे लगता है कि उनके हुकूमती निज़ाम में "**हुक़ूके इंसानी**" नाम की कोई शय होती ही नहीं थी, इसलिए ख़ालिक़ ने इस अम्र को वापस ज़िंदा करके इंसान की फ़लाह व बहबूद के लिए समाज में जारी वा सारी करने के लिए इंसानी हुक़ूक़ के वसीअ दायरे को "**अम्र बिल मारूफ़**" जैसी

कामिल इस्तेलाह में पिरो कर उसे **"इस्लामी निज़ाम"** (निज़ामे सलात) के बुनियादी उसूलों में से एक उसूल क़रार दिया और समाज में उसके क़याम का हुक्म देकर इंसानों को वह तमाम बुनियादी इंसानी हुक़ूक़ मयस्सर करा कर इंसानों इंसानी ग़ुलामी से मुकम्मल आज़ादी दिला दी !

यहाँ यह बात समझ लेनी चाहिए कि बिलउमूम तो हर अच्छे काम की तरग़ीब करना **मारूफ़** अम्र में आता है, लेकिन यह बात भी ग़ौर तलब है कि समाज में हर छोटी बड़ी नसीहत के लिए **"नुबूवत्"** जैसे अज़ीम मनसब की ज़रूरत नहीं होती, यह काम तो उस समाज के किसी भी ख़ैर पसंद शख़्स से करवाया जा सकता है, लेकिन जहां तक अंबियाई मिशन का ताल्लुक़ है तो अंबिया हमेशा ख़ैर के उन कामों को **Re-establish** करने की सयी करते हैं कि जिसका इंसानी समाज से कुल्ली तौर पर ख़ात्मा हो चुका होता है, और समाज के हक़ पसंद लोगों में भी वह **Strength** बाक़ी नहीं रहती कि ख़ैर के उस काम को ज़िंदा करके वापस समाज में रायेज कर सकें, ठीक इसी तरह वह समाज में रायेज उन बुराइयों के ख़ात्मे लिए भी मबऊस किए जाते है कि जिन बुराइयों वा ख़बासतों के ख़ात्मे के लिए समाज के ताक़तवर लोगों में भी इतनी हिम्मत व सकत नहीं होती कि वह समाज में जारी उस बड़ी बुराई या समाज में कमज़ोर इंसानों पर ताक़तवरों के जब्र के ख़िलाफ़ इंसानियत की बका और **Human moral values and dignity** के लिए इंसानों पर होने वाले उस ज़ुल्म के ख़िलाफ़ आवाज़ बुलंद कर सकें ! ऐसे में अंबिया की ही वह ज़ात होती है कि जिनमें रूहानी व माद्दी दोनों क़ुव्वतें कामिल सूरत में पायी जाती हैं, इसलिए खालिके कायनात अपने मनसूबे के मुताबिक़ इस अज़ीम काम को इंसानों के भले के लिए ज़ाते अंबिया के ज़रिये अंजाम दिलाकर दुनिया को उसका नमूना पेश करके दिखा दिया ताकि रहती दुनिया तक इस अम्र को तमाम इंसानो के बीच एक **"सालेह निज़ाम"** के ज़रिए क़ायम किया जा सके !

समाज में भलाई के तमाम कामों को अगर इकट्ठा किया जाये तो मजमुई तौर पर **"हुक़ूक़े इंसानी"** एक ऐसी वसीअ इस्तेलाह है जिसमें ख़ैर के तमाम अमल समा जाते हैं, यानि अगर समाज में हुक़ूक़े इंसानी को अपनी असल के साथ अमली व

कुल्ली तौर पर क़ायम कर दिया जाये तो समाज में ख़ैर भी अपनी तमाम शाख़ों के साथ क़ायम हो जाएगा ! इसलिए इंसानी समाज में ख़ैर को क़ायम करने के लिए इंसानी हुक़ूक़ को समाज में दोबारा **Re-establish** करने का हुक्म अल्लाह ने क़ुरआन के ज़रिये इंसानों को इक़्तेदार बख़्शने "الَّذِينَ إِن مَّكَّنَّاهُمْ فِي الْأَرْضِ" यानी हुकूमत अता करने पर हुकूमत करने के बुनियादी उसूलों में से एक उसूल क़रार दिया !

समाज में Human right का निफ़ाज़ इंसानों का फ़ितरी व बुनियादी तक़ाज़ा है !

नही अनिल मुनकर هْيٌ عَنِ الْمُنْكَرِ

इंसानी तारीख़ गवाह है कि समाज की सबसे बड़ी बुराई कि जिससे उस समाज में रहने वाला कमज़ोर इंसानी गिरोह कराह उठा हो, वह एक इंसान को दूसरे इंसान पर फौक़ियत हासिल होने से होआ था, हालाँकि ख़ालिक़ ने इस दुनिया में हर इंसान को बहैसियते इंसान के बराबर क़रार दिया है, लेकिन इंसानी समाज जब कभी भी **"निज़ामे सलात"** यानी **"निज़ामी हक़"** से महरूम होआ है तो समाज के ताक़तवरों ने कभी रंग व नस्ल, तो कभी अपनी ज़ुबान की फ़ौकियत, कभी अमीरी व ग़रीबी, तो कभी ग़ुलाम और मालिक जैसे बड़े बड़े **मुनकिरात** को बुनियाद बना कर कमज़ोरों पर ज़ुल्म ढाने और समाज को बाँटने में कोई कसर बाक़ी ना रखी थी!

यह वह अज़ीम मुनकर था कि जिससे इंसानी समाज कराह उठा था

इसलिए ख़ालिक़ ने सालीहीन को इक़्तेदार बख़्शने पर यह लाज़िम क़रार दिया कि वह समाज में इंसान को बाहैसियतें इंसान के बराबरी का हक़ अता करें और हाकिम को उस बड़ी बुराई से जिससे कि समाज कराह रहा था उसे "نَهِى عَنِ الْمُنكَرِ" **बुराइयों से रोको** जैसे अमल को हुकूमत का बुनियादी उसूल क़रार दिया, जिससे समाज में **Social equality** जैसी नेमत का क़याम हुआ, और समाज में बसने वाले हर शख़्स को अपनी **Human values and dignity** के साथ जीने का मुकम्मल हक़ मयस्सर हो गया !

यहाँ यह बात जान लेनी चाहिए कि "भलाई का हुक्म देना व बुराई से रोकना" का मतलब लोगों को सिर्फ आम भली बात की नसीहत करना या आम बुराई से रोकना मक़सूद नहीं है !

ख़ालिक़े कायनात और उसके पैग़म्बर का ख़िताब हमेशा दुनिया में उन उमूर से होता है जो समाज की ऐसी बड़ी बुराईयाँ होती हैं जिसके शर से समाज फितने में मुबतिला हो और लोगों में मजमूई तौर पर भी उस ज़ुल्म के ख़िलाफ़ आवाज़ उठाने

की हिम्मत ओ सकत भी ना हो !

रही आम **नसीहतें** या **बुराई** तो उसके लिए **नबूवत्** जैसे अज़ीम मनसब की ज़रूरत इंसानी समाज को नहीं थी, क्योंकि इंसानी समाज कभी ऐसा नहीं रहा कि नबी की ग़ैर मौजूदगी में समाज के इंसानों में यह आम शऊर भी मौजूद ना रहा हो कि उसे किसी का माल चोरी नहीं करना है, या वह किसी को भी क़त्ल नहीं कर सकता, और समाज में ऐसी आम बुराईयों के रोकथाम का कोई क़ानून ही मौजूद ना हो, बल्कि यह सारी बुराईयाँ या समाज के आम भले काम दुनिया में हर समाज में मुसल्लमा क़ानून की हैसियत से हमेशा से रहते आये हैं !

सीरतुन्नाबी की तमाम किताबें इस बात की गवाही दे रही हैं कि नबी ए आख़िरुज़ामा की नुबूवत के ऐलान से पहले मक्का में आबाद लोगों ने (मुशरिकीने मक्का) **"हिल्फ़ुल फ़िज़ूल"** नाम की तंज़ीम का क़याम किया जिसमें आप (सल्ल०) की मुबारक ज़ात भी शामिले हाल थी, जिसका मक़सद किसी मज़लूम के साथ होने वाले छोटे मोटे ज़ुल्म से निजात दिलाना और उसे उसका हक़ मुहय्या करना था माज़ी की ऐसी मिसालें गवाही दे रही है कि छोटी मोटी आम बुराइयाँ हर समाज में मुसल्लमा तौर पर बुरी ही समझी जाती थीं, यानी **अम्र बिल मारूफ़** की वह तर्जुमानी जो दौरे हाज़िर में बिलउमूम की जाती है, उसे समाज आपस में हर दौर में किसी ना किसी सूरत में अंजाम देता चला आ रहा था !

वह बड़ी बुराईयाँ जो समाज के लिए फितना थीं और समाज उसके शर से कराह रहा था, ऐसी बड़ी बुराइयाँ समाज में तब परवान चढ़ जाती हैं जब समाज अपने आपको उस **अंबियाई निज़ाम** यानी **निज़ामे हक़ (निज़ामे सलात)** से आज़ाद पाता है, तब समाज के ताक़तवर लोग कमज़ोरों के बुनियादी इंसानी हुक़ूक़ सल्ब करके उन्हें छोटा बनाकर महकूम बना लेते हैं, जिससे फिर मज़लूम अपनी मज़लूमियत की सदा भी बुलंद करने की जसारत नहीं कर सकता

यह वह अज़ीम जुर्म थे कि जिसे मिटाकर अल्लाह ने हुक़ूक़े इंसानी **(Human right)** व समाजी बराबरी **(Social equality)** जैसी नेमत को **أَمْرُ بِالْمَعْرُوفِ**

وَنَهْيٌ عَنِ الْمُنكَرِका हुक्म देकर उसे समाज में "निज़ामे हक़" का बुनियादी उसूल बनाकर इंसानी समाज को ज़ुल्म व जब्र से मुकम्मल आज़ादी दिला दी !

दरअसल أمْرٌ بِالْمَعْرُوفِ وَنَهْيٌ عَنِ الْمُنكَرِइस्लामी निज़ाम (Islamic state) का वह बुनियादी उसूल है जो समाज के तमाम इंसानों में अद्ल वा इंसाफ़ क़ायम करने के लिए लाज़िम क़रार दिए गए हैं, जिससे अवामुन्नास मुस्तफ़ीद होती है ना कि सिर्फ़ ख़ालिक़ की उलूहियत पर ईमान वाले !

क्योंकि यह इंसानी समाज में भलाई के वह क़वानीन हैं कि जिससे एक ख़ुशनुमा समाज वुजूद में आता है, और इसके अदमे वजूद से एक **Modern civilised society** का तसव्वुर ही नामुमकिन है, इसलिए ज़ाहिर सी बात है कि लामुहाला ऐसे क़वानीन किसी ख़ास तबक़े (ईमान वालों) के लिए मख़्सूस हो ही नहीं सकते !

ख़ालिके कायनात में अपने नायब **आदम** (अल०) को ना कि सिर्फ़ ईमान वालों का बल्कि मुकम्मल रुए अर्ज़ पर बसने वाले तमाम इंसानों का ख़लीफ़ा बनाया था, और ख़ालिक़ यह जानता था कि तमाम के तमाम इंसान उसको अपना इलाहे वाहिद नहीं मानेंगे बावजूद इसके अगर वह अपने नायब को तमाम इंसानों का ख़लीफ़ा बना रहा है तो तो ज़ाहिर सी बात है कि उसकी ख़िलाफ़त के बुनियादी उसूल भी रुए अर्ज़ पर बसने वाले तमाम इंसानों के लिए उन उमूर पर मुश्तामिल होने चाहिए जोकि उनके बीच क़द्रे मुश्तरक़ हों, इससे मावरा कि वह ईमान वाले है या ग़ैर ईमान वाले !

यह वह हतमी क़वानीन है कि जिसका क़ुरआन ने हुक्म देकर इंसानी दुनिया पर वह अज़ीम एहसान किया है कि जिसका इंसानी समाज आज भी मक़रूज़ है, जिसका मुशाहिदा उन तमाम खुशहाल मुमालिक (Western countries) में सुबूत के तैर पर किया जा सकता है कि वह मुमालिक सिर्फ़ इसी वजह से खुशहाल है क्योंकि उन मुमालिक के हुकूमती निज़ाम में ख़ालिक़ ए कायनात के वही हतमी उसूल शामिल ए हाल हैं जिसका पिछले सफ़हात में ज़िक्र किया गया है !

अब रही बात शरई क़वानीन की, तो वह हर हाल में **"इस्लामी निज़ाम"** में भी **Personal laws** का ही मुक़ाम रखते हैं क्योंकि तारीख़ गवाह है कि दुनिया में किसी नबी की नुबुव्वत पर ईमान ना लाने वालों की तादाद हमेशा से उसपर लाने वालों से कई गुना ज़्यादा ही रही है, तो लामुहाला मुल्क का क़ानून ऐसा ही होना चाहिए जिसे कि अक्सरियत पर नाफ़िज किया जा सके, अब रहा मसला ईमान वालों (मुसलमानों) का तो उनपर कुछ ज़ायद क़वानीन (शरई) नाफिज़ किए जाते हैं क्योंकि यह वह लोग है जिन्होंने अपने ख़ालिक़ से अहद किया है और उन्हें इस ज़ायद क़वानीन की पाबंदी की भरपूर जज़ा रोज़े आख़िर में मिलने वाली है !

लेकिन जहाँ तक इस दुनिया का सवाल है यहाँ "इस्लामी निज़ाम" के तहत नाफ़िज किए जाने वाले मुल्की क़वानीन (Basic book of constitution) तमाम इंसानों की फ़लाह वा बहबूद के मद्देनज़र मज़हबी अक़ायद से मावरा Universal laws पर मबनी होता है, जिसमें Sharia law की हैसियत "Personal laws" की ही होती है !

इस्लामी निज़ाम के चार बुनियादी उसूल

ख़ालिके कायनात ने अपने नायब (पैग़म्बर) को दुनिया में अवाम पर हुकूमत करने के बुनियादी उसूल अता करके उन उसूलों को उस **"सालेह निज़ाम"** का हत्मी उसूल क़रार दिया और हाकिम को इन उसूलों का पाबंद बनाते हुए हुक्म दिया कि दुनिया में जहाँ कहीं भी हुकूमत क़ायम की जाएगी उसके बुनियादी उसूल हर हाल में यही होंगे !

1- Establishment of judiciary's

2- Establishment of human right

3- Establishment of social equality

4- Taxes

हुकूमते इस्लामी के यही वह चार बुनियादी उमूर थे कि जिसके **Establishment** के लिए ख़लीक़े कायनात ने ईमान वालों को हुक्म दिया और फ़रमाया :-

"كُنتُمْ خَيْرَ أُمَّةٍ أُخْرِجَتْ لِلنَّاسِ تَأْمُرُونَ بِالْمَعْرُوفِ وَتَنْهَوْنَ عَنِ الْمُنكَرِ وَتُؤْمِنُونَ بِاللَّهِ

"तुम बेहतरीन गिरोह हो जिसे लोगों की भलाई के लिए वुजूद में लायी गया है, तुम भलाई का हुक्म करो और बुराई से रोको, और अल्लाह पर ईमान (यक़ीन) रखो" !

الَّذِينَ إِن مَّكَّنَّاهُمْ فِي الْأَرْضِ أَقَامُوا الصَّلَاةَ وَآتَوُا الزَّكَاةَ وَأَمَرُوا

بِالْمَعْرُوفِ وَنَهَوْا عَنِ الْمُنكَرِ ۗ وَلِلَّهِ عَاقِبَةُ الْأُمُورِ"

"यह वह लोग हैं जिन्हें अगर हम ज़मीन पर इख़्तेयार बख्शें तो यह सलात (निज़ाम ए हक़) को क़ायम करेंगे, और ज़कात (Tax) अदा करेंगे, भलाई का हुक्म करेंगे और बुराई से रोकेंगे, और तमाम मामलात का इख़्तेयार अल्लाह ही के पास हैं "

(अल इमरान - 110).

और हुक्म दिया कि वह तमाम दुनिया में इन चारों बुनियादी उमूर को एक "**सालेह निज़ाम**" के ज़रिये हर हाल में क़ायम करें, जिससे समाज में रहने वाले तमाम इंसान चाहे वो कमज़ोर हों या ताक़तवर इन चारों बुनियादी उमूर यानि **1**- आपसी मामलात में क़ानून के ज़रिये इंसाफ़ किया जा सके, **2**- हर आम व ख़ास इंसान को अपने तमाम इंसानी हुक़ूक़ हासिल हों , **3**-समाज में बाहैसियते इंसान के सभी को बराबरी का हक़ हासिल हो, **4**- समाज में ग़रीब व अमीर के बीच में फ़ासले को कम करने (कि जिससे हर ग़रीब व कमज़ोर शख़्स भी अपनी बुनियादी इंसानी ज़रूरियात के साथ अपनी ज़िंदगी गुज़ार सके), के लिए लाज़मी था कि मालदारों से **Taxes** को लिया जाये जिससे हुकूमती निज़ाम और अवाम की ज़रूरियात पूरी की जा सके, और इंसान जो कि सिर्फ़ अपने ख़ालिक़ का ग़ुलाम है वह इंसानों की ग़ुलामी से मुकम्मल आज़ाद होकर सिर्फ़ अपने ख़ालिक़ का ग़ुलाम बनकर एक ख़ुशनुमा ज़िंदगी गुज़र बसर कर सके !

हालाँकि यह भी हक़ीक़त है कि इंसान को इंसान पर हुकूमत करने का कोई हक़ नहीं है, आख़िर इंसानों में कौन होता है कि वो बाक़ी तमाम इंसानों पर हुकूमत करे, हर इंसान आज़ाद है, और आख़िर वह किसी के मातहत होकर क्यों रहे ? यह बात अपनी जगह बिलकुल ठीक है लेकिन ग़ौरतलब बात यह है कि बेशक़ इन्सान को उसके ख़ालिक़ ने आज़ाद पैदा किया है और उसे आज़ाद ही होना चाहिए, लेकिन इस आज़ादी की ज़मीनी हकीकत यह है कि यह आज़ादी वहाँ जाकर ख़त्म हो जाती है जहाँ से किसी दूसरे शख़्स की आज़ादी की हद शुरू होती है, **यानी हर शख़्स**

की आज़ादी की एक हुदूद है जिसकी पासदारी उसपर लाज़िम है और उससे बाहर वह क़तई आज़ाद नहीं है !

ठीक इसी तरह किसी इंसान को किसी दूसरे इंसान को सज़ा देने का भी कोई हक़ हासिल नहीं है, पर यह हक़ उसे उस वक़्त हासिल हो जाता है जब कोई शख़्स उसे किसी तरह का नुक़सान पहुँचा देता है, जिससे वह अपने ऊपर होने वाले ज़ुल्म का बदला लेने का मुस्ताहक़ हो जाता है कि वह उस शख़्स से अपना बदला ले ले !

इन दोनों नुक़ूत में ग़ौरतलब बात यह है कि अगर इंसान को उसकी मर्ज़ी के लिए आज़ाद छोड़ दिया जाए कि वह अपने तमाम मामलात में अपना फ़ैसला ख़ुद कर ले, और उसपर होने वाले ज़ुल्म का बदला वह अज़ख़ुद जैसे ले सकता ही ले ले, तो क्या इंसान अज़ख़ुद इस बात का पास व लेहाज़ रख सकेगा कि वो अपनी आज़ादी के हुदूद से बाहर न जाए ? और क्या इंसान अज़ख़ुद इस बात का लेहाज़ रख पाएगा कि अगर किसी ने उसे किसी तरह का नुक़सान पहुँचाया है तो वह उस शख़्स से उतना ही बदला ले कि जितना उसे उस शख़्स ने नुक़सान पहुंचाया है ? क्या इसमें इस बात का भरपूर इमकान नहीं पाया जाता है कि इंसान लोगों पर तोहमतें लगाकर बदले के नाम पर ज़ुल्म और जब्र करने पर उतारू हो जाए !

यही वह मामलात थे जिसने इंसान को इस नतीजे पर पहुंचा दिया कि इंसान ने इसबात को तस्लीम कर लिया कि इंसानी समाज में होने वाले निज़ाआत का निपटारा वह अपने तयीं अज़ख़ुद नहीं कर सकता !

हक़ीक़त यह है की इंसानों पर इंसान की हुकूमत करने का हक़ ख़ुद इंसानी फ़ितरत ने पैदा किया है यानी अगर इंसानी समाज में उन पर कोई हाकिम न हो तो इंसान अपने हुक़ूक़ के नाम पर एक दूसरे पर ज़ुल्म और जब्र करने से क़तई बाज़ नहीं आएगा, और दुनिया हाकिम के बग़ैर ज़ुल्म और फ़साद से भर जाएगी !

इन बातों से यह नतीजा निकलता है कि इंसानी समाज में हाकिम और उसकी हुकूमत का होना समाज का फ़ितरी तक़ाज़ा है जिसे क़ायम किया

जाना हर हाल में लाज़िमी है !

यहाँ पर एक दूसरा क़ाबिले ज़िक्र पहलू यह है कि आख़िर वह कौन होगा जिसे समाज पर हुकूमत करने का हक़ दिया जाए, कहीं ऐसा न हो कि कोई ताक़तवर शख़्स अज़ख़ुद समाज की मर्ज़ी के बग़ैर उन पर हाकिम बनकर बैठ जाए, और वह इंसानों के बीच **violation of human right** को रोकने के बजाय ख़ुद ही इंसानी हुक़ूक़ को **violate** करने लगे !

क्या इंसानी तारीख़ में जब इंसान ने अपने ऊपर किसी हाकिम का होना ज़रूरतन तस्लीम कर लिया, तब क्या किसी शख़्स (हाकिम) ने इस ज़रूरत का नाजायज़ फ़ायदा उठाते हुए इंसानी समाज में (बहैसियते हाकिम के) **Violation of human right** को रोकने के बजाय (जिसकी वजह से उसे हकीमियत का हक़ मिला) ख़ुद ही उसको **Violate** करने लगा हो और समाज उसके इस ज़ुल्म व जब्र से चीख उठा हो ?

इंसानी तारीख़ का वह दौर जहां तक इंसान की बाआसानी रसाई है वह गवाह है कि आज से 1440 साल पहले जब इस्लाम का **Reformation** हुआ उस वक़्त इंसान की इंसानों पर हुकूमत करने के वह तमाम उसूल जो उसे ख़ालिक़ ने अता किए थे जिसके इतलाक़ की ख़ातिर ही उसे इंसानों पर हुकूमत करने का हक़ हासिल होआ था, मुकम्मल तौर पर फ़ना हो चुके थे, जिसकी मिसाल उस दौर में **Roman** और **Iranian empire** के हुकूमती निज़ाम में साफ़ दिखाई देती है, जहां छोटे मोटे जुर्म की सज़ा का कोई उसूल नहीं था, ऐसे में हाकिम का अवाम के ज़रिये सर्ज़द होने वाले जुर्मों की सज़ा देना उनकी मर्ज़ी पर मुनहासिर था, जिससे वह कभी इतनी बड़ी और ज़ालिमाना सज़ाएँ भी देते थे और उस वहशियाना सज़ाओं को बाक़ायदा नज़ारे के तौर पर देखा जाता था, और किसी को भी उस ज़ालीमाना सज़ाओं के ख़िलाफ़ उफ़ तक करने की मजाल ना होती थी !

यह वह ज़ालिमाना दौर था जिसके ज़ुल्म व जब्र से मज़लूम कराह रहे थे और उनको इंसाफ़ दिलाने वाला कोई नहीं था ! इसलिये ख़ालिके कायनात ने इंसानों की

फ़लाह वा बेहबूद के लिए रूए अर्ज़ पर उस नज़्म का **Reformation** किया जिससे इंसान ताक़तवरों की ग़ुलामी से आज़ाद होकर अपने ख़ालिक़ की अता करदह **Free will** की पाबंदी करते हुए आज़ादी से जी सके !

जिसके तहत इस्लाम ने उसपर ईमान लाने वालों को यह हुक्म दिया कि वह रुए अर्ज़ पर एक "**सालेह निज़ाम**" का क़याम करे और साथ ही उसने समाज में क़ायमकरदह हुक़ूमतों के मेयार का भी शऊर अता किया जिससे हक़ व बातिल "**निज़ाम**" की पहचान की जा सके !

ख़ालिक़े कतनात ने रूए अर्ज़ पर क़ायम होने वाली हुकूमतों को दो हिस्सों में तक़सीम किया है !

1-निज़ामे हक़

2-निज़ामे बातिल

1-निज़ामे हक़:-

वह हुकूमतें जो ख़ालिके कायनात के बताये गये उसूलों पर क़ायम की गयीं हों, जिनको पिछले सफ़हात में तफ़सील से बयान किया गया जा चुका है, यानि ऐसा हुकूमती निज़ाम जिसमें हकीम की हैसियत ख़ालिक़ के नायब की होती हो, और वह अपनी अवाम पर अपनी मर्ज़ी का कोई क़ानून ना चलाता हो बल्कि उसके मुल्क के क़वानीन उन बुनियादी उसूलों पर मुश्तमिल हो जिन क़्वानींन के अदमे वुजूद से एक सालेह हुकूमत का तसव्वुर नाकारह हो, और उस निज़ाम का हाकिम भी उन मजमुए क़्वानींन का ख़ुद भी उसी तरह पाबंद हो जिन्हें वह अपनी अवाम को पाबंद रहने का हुक्म देता, ख़ालिक़ ने ऐसे निज़ाम को **निज़ामे हक़** ख़िताब दिया है

2 - निज़ामे बातिल:-

वह तमाम हुकूमतें जो इसके बरक्स हों यानी जहां समाज में हाकिम की अपनी मर्ज़ी का क़ानून नाफ़िज़ हो और आवाम पर हर हाल में उन्हीं मनमर्ज़ी के ज़ालीमाना क़वानीन की इत्तेबा करना लाज़िमी हो, ऐसी हुकूमतों को **हुकूमते बातिला** या **निज़ामे बातिल** क़रार दिया गया !

और चूँकि दुनिया में **हक़** व **बातिल** दोनों तरह की हुकूमतें हर ज़माने में क़ायम होती रही हैं, तो लाज़मन इन दोनों तरह की हुकूमतों में **हक़** व **बातिल** की कशमकश फ़ितरी तौर पर पैदा होनी ही थी !

इंसानी तारीख़ में जब भी किसी ख़ित्ते में **हुकूमते हक़** (निज़ामे हक़) क़ायम हुई और उसका जब किसी दूसरी हुकूमत से जो भी माअरका पेश आया वह सिर्फ़ **हक़** और **नाहक़**, यानि "**निज़ामे हक़**" व "**निज़ामे बातिल**" के बीच पेश आया, जिसका मक़सद उन बातिल हुकूमतों के ज़ेरे साये रहने वाले इंसानी समाज को उनके वह हुक़ूक़ हासिल करा देना होता था जिसका हासिल होना उस समाज में बसने वाली अवाम का बुनियादी हक़ था, उनसे उन हुक़ूक़ को सल्ब कर लेने वाली बातिल हुकूमतें जो **violation of human right** जैसे अज़ीम जुर्म का इर्तिकाब करने में मुलव्वीस थीं, उनका ख़ात्मा करके वहाँ एक "**सालेह निज़ाम**" (निज़ामे हक़) को क़ायम करके अवमुन्नास को इंसानों की ग़ुलामी से मुकम्मल आज़ादी दिलाकर उन्हें महज़ अपने ख़ालिक़ का ग़ुलाम बनने के लिए आज़ाद कराना था !

यहाँ "निज़ाम" के सिलसिले में एक बार फिर इस बात की वजाहत ज़रूरी है कि ख़लीक़े कायनात ने इंसानों पर हाकिमियत के जो हत्मी उसूल मुताअय्यन कर दिये हैं, यानि जिन उसूलों पर मबनी निज़ाम को "इस्लामी निज़ाम" क़रार दिया जाएगा, वह उसूल ही तय करेंगे कि कौन सा निज़ाम "निज़ामे हक़" है और कौन सा "निज़ामे बातिल" ! इसका इस बात से कोई ताल्लुक़ नहीं है कि उस निज़ाम की बाग डोर किसी मुसलमान के हाथों में है या किसी ग़ैर मुस्लिम के ! असल मसला उन उसूलों का ज़मीनी हक़ीक़त

के साथ नाफिज़ होने का है

इस उसूल के तहत जिस निज़ामे हुकूमत में रहने वाली अवाम को वह तमाम हुक़ूक़ हासिल हो रहे हों जो ख़ालिक़ ने उसके लिए मुताअय्यन किए हैं, उसे किसी भी हाल "बातिल का निज़ाम" क़रार नहीं दिया का सकता, चाहे उसका सरबराह या उसको नाफिज़ करने वाला पूरा निज़ाम और वह मुल्क भी ग़ैर मुस्लिम ही क्यों ना हो !

लेकिन बदक़िस्मती से माज़ी में होने वाले ऐसे तमाम माअरकों की तारीख़ को **इंसानी फ़लाह व बहबूद** जैसे अज़ीम मक़सद से हटाकर उन्हें इस तरह तरतीब दिया गया कि वह माअरका जो **हक़ व बातिल** (सत्य व असत्य) के बीच पेश आया था उसे मुकम्मल तौर पर **"मज़हबी जंगों"** में तब्दील कर दिया गया, और उसके लिए बहुत सारी मनगढ़ंत कहानियाँ, कहीं तारीख़ के तौर पर तो कहीं हदीस के नाम से गढ़ी गयीं, और देखते देखते वह जंगें जो इंसानों को उनके **इंसानी हुक़ूक़** मुहैया कराने के लिए पेश आयीं थीं, वह सभी मज़हबी रंगों में रंग गयीं, और फिर अवाम इस हक़ीक़त से नाआशना होकर बस वही समझने लगी जो उन्हें मज़हब के ठेकेदारों के ज़रिए साज़िशन समझाया जा रहा था !

जिससे फिर अवाम में वह नज़रिया क़ायम हो गया कि बस जिस हुकूमती निज़ाम में हमारे "**शरई कवानीन**" नाफिज़ ना हों बस वह निज़ाम "**निज़ामे बातिल**" है और क्योंकि फ़रसूदह तारीख़ उन्हें यही बताती है कि ऐसे "**निज़ाम**" के ख़िलाफ़ हमारे असलाफ़ ने जंग की है इसलिए हमे भी उसके ख़िलाफ़ हमें **मुसल्लह जिहाद** करना चाहिए ताकि रुए अर्ज़ से उस निज़ाम का ख़ात्मा किया जा सके !

आज मुस्लिम **तंज़ीमों** व **तहरीकों** में दुनिया में क़ायम निज़ामे हुकूमत के तयीं जो नफ़रत पायी जाती है उसका मेयार वह नहीं रहा कि जिसकी वजह से ख़ालिक़ ने किसी निज़ाम को "**निज़ामे बातिल**" क़रार दिया था बल्कि उसका मेयार वही मज़हबी बनकर रह गया जिसकी फिर अवाम में यह नज़रिया क़ायम हो गया कि वह हुकूमते हक़ और उसके ज़रिये क़ायमकरदह निज़ाम (निज़ामे सलात्) दोनों को

"मज़हबी हुकूमत" और **मज़हबी निज़ाम** समझा जाने लगा, जिससे नतीजतन **"इस्लामी हुकूमत"** का ऐन मक़सद ही तब्दील होकर रह गया, फिर इसके नतीजे में ज़माना तो ज़माना ख़ुद मुसलमान भी **"इस्लामी निज़ाम"** को **मज़हबी निज़ाम** समझने लगे, जिससे लाज़मन उसके तयीं नफ़ीज़ होने वाले क़वानीन भी मज़हबी होने गी थे ! इससे धीरे धीरे वह **निज़ाम** जो नूए इंसानी को इंसानों के ज़ुल्म व जब्र से आज़ादी दिलाने आया था वही निज़ाम महज़ मज़हबी रुसूमात के क़याम का मक़सद बनकर रह गया !

और फिर उसका वही नतीजा हुआ जो एक मज़हब का दूसरे मज़हब के साथ पेश आता है, हर मज़हब किसी दूसरे मज़हब को पसंद नहीं करता और ना ही उसे **Recognise** करता है, ठीक इसी तरह वह **मज़हबी हुकूमतें** अपने तयीं रहने वाली अवाम में **मज़हब** की बिना पर तफ़रीक़ करने लगीं, और चूँकि मज़हबी हुकूमत होने की वजह से उनके क़वानीन भी मज़हबी ही थे, तो ज़ाहिर सी बात है कि उसके तयीं रहने वाली दूसरे मज़हब से ताल्लुक़ रखने वाली अवाम को दुश्वारी पेश आने लगी, जिससे वह माअरका जो कभी **हक़** वा **बातिल** के बीच हुआ करता था, तब्दील होकर **मज़हब** के ग़लबे के लिए पेश आने लगा, और फिर उसका वही नतीजा हुआ जो मज़हबी तश्ददुद की वजह से ज़माने में पेश आता है, फिर मज़हबी हुकूमतों में क़ुरआनी आयात की तर्जुमानी अपनी मज़हबी मफ़ाद के ज़ेरे साये में की जाने लगीं, और कुरानी इस्तिलाहात **"जिहाद"**, **"दीन"**, **"मुशरिकीन"** " **जिज़्या"** जैसी तमाम इस्तिलाहात की अफ़ाक़ी तर्जुमानी के बरअक्स उनकी मज़हबी तर्जुमानी की गयीं, जिसके नतीजे में हुकूमतों का **"हुकूमते हक़"** वा **"हुकूमते बातिल"** का नज़रिया भी लामुहाला तब्दील गया, फिर उन्हें वह सारी हुकूमतें बातिल लगने लगीं जो उनके मज़हब पर नहीं थीं, इन मज़हबी हुकूमतों और उसके मज़हबी क़वानींन के इतलाक़ ने समाज में **ग़ैर मुस्लिमों** में इस्लाम के तयीं ख़ौफ़ पैदा हो गया और यही ख़ौफ़ आगे बढ़कर दुश्मनी की शक्ल इख्तेयार कर गया, फिर यही हुआ कि पूरी दुनिया दो हिस्सों में तकसीम हो गई I

इस्लामी दुनिया और ग़ैर इस्लामी दुनिया,

फिर दोनों में जंगों का दौर चला, जो जिसपर भारी पड़ा उसने उन मुल्कों पर अपना तसल्लुत जमा लिया, बहरहाल हुआ जो भी सभी उसे अपना मज़हबी फ़रीज़ह समझते थे, इससे इंसानों में मज़हबी नफ़रत का आलमी माहौल बन गया, जिसमें मासूमों तक की जान जाना खेल तमाशा बन गया, अवाम को यह समझाया गया कि तुम्हारी इस जान के बदले तुम्हें "**जन्नत**" में आला मुक़ाम मिलेगा, बाज़ुज़ इसके कि अवाम इस नज़रिए की मुख़ालिफ़ होती उन्होने ख़ामोश रहने सहने को अपना "**मज़हबी फ़रीज़ह**" समझा और फिर **हक़** व **बातिल निज़ाम** के इस फ़र्ज़ी मायने ने दुनिया में अमन का दामन समेट कर उसे क़ब्रों में दफ़्न कर दिया

दुनिया वापस उसी ज़ुल्म जब्र की भट्टी में जलने लगी, इंसानियत कराहने लगी, शरीफ़ लोग इस कराहती हुई इंसानियत का चारा बन गये, किसी में इतना दम ख़म बाक़ी ना रहा कि अपनी खोई उस अफ़ाक़ी तालीम को वापस ज़िंदा कर सके, और अगर किसी ने यह जसारत जुटा भी ली तो समाज में "**मज़हबी ठेकेदारों**" की बलादस्ती होने की वजह से उन्होंने ऐसी तमाम आवाज़ को वहीं दफ़्न कर दिया !

दीन और **मज़हब, हक़** और **बातिल** की कुंद तर्जुमानी ने अवाम में बड़ी ग़लतफ़हमी पैदा कर दी जिससे आम तौर पर मुसलमानों को यह मुग़ालता हो गया कि **इस्लामी हूकूमत** एक **मज़हबी हुकूमत** है, हालाँकि यह तसव्वुर बातिल है और यह इसीलिए उम्मत में परवान पा गया जब उलामाए इस्लाम ने **दीन ए इस्लाम** को **मज़हब ए इस्लाम** में तब्दील कर डाला, जिससे नतीजतन **इस्लामी हुकूमत मज़हबी हुकूमत** में तब्दील हो गई, फिर मज़हब क्योंकि हर इंसान के ज़ाती इख़्तेयर की चीज़ है, और क्योंकि दुनिया में मुख़्तलिफ़ मज़ाहिब के लोग बसते हैं तो लमुहाला किसी ख़ास **Religious dominated governance** से दूसरे मज़ाहिब के लोगों का ख़ौफ़ में आ जाना एक फ़ितरी अमल साबित हुआ !

यह बात समझ लेनी चाहिए कि जिस चीज़ का वुजूद जिस लिये होता है या जिस काम के लिए उसे वुजूद बख़्शा गया होता है उस अम्र का काम उसी मक़सद

के तयीं चाहिए, जिसके लिये उसे वुजूद बख़्शा गया होता है !

इस मुसल्लमा उसूल के तहत इंसानों को इंसानों पर हुकूमत करने का हक़ जिन वुजूहात के तहत हासिल होआ है, वही वजूहात ही उस हुकूमती निज़ाम की असल बुनियाद होनी चाहिए! यानी अगर इस्लामी निज़ाम को **Define** किया जाये तो इसका यही मतलब निकलेगा कि इस्लामी निज़ाम या उसके क़याम का असल मक़सद वही होना चाहिए जिसकी वजह से अज़ल में इंसानी समाज ने अपने ऊपर किसी हाकिम और उसकी हुकूमत की फ़र्ज़ियत को तस्लीम किया था !

पिछले सफ़हात में तफ़सील से यह बात बयान कर दी गई है कि आख़िर इंसान को दूसरे इंसानों पर हुकूमत करने का हक़ उसे कैसे मिला ?

ज़िम्नन अर्ज़ यह है कि यह हक़ उसे ख़लीक़े कायनात ने ही अता किया था, जिसका असल मक़सद इंसान को अपने आज़ादिये हुदूद से तजाविज़ करने से रोकना था !

हुदूद से तजाविज़ इंसान तब कर बैठता है जब वह अपनी आज़ादी का नाजायज़ फ़ायदा उठाते होए अपनी आज़ादिये हुदूद से लांघ कर किसी दूसरे की हुदूद में दाखिल हो जाता है, और यहीं से **Violation of human right** की शुरुआत होती है, जो की आगे जाकर बहुत सारे इंसानी हुक़ूक़ को मुतास्सिर करती है, दरअसल यहीं वह मुक़ाम आ जाता है कि जब इंसानों को उसकी ज़ाती हुदूद का पाबंद बनाने के लिए एक "**निज़ामे हक़**" के क़याम की ज़रूरत दरपेश आ जाती है, जिसको क़याम करने का बुनियादी मक़सद इंसानों पर इंसानों के ज़रिये किए जाने वाले **Violation of human right** का मुकम्मल तौर पर ख़ात्मा करना होता है!

तारीख़ गवाह है कि क्या किसी समाज में इस वजह से क़त्ल ओ गारत या आपसी निज़ाआत पैदा हो गए थे कि जब वह समाज **Music** सुनने लगा या नाच गाने में मस्त हो गया हो, या वह मज़हबी रुसुमात की अदायगी में कमज़ोर पड़ गया हो

मिसाल के तौर पर वह नमाज़ (पूजा पाठ) नहीं पढ़ता था, या दाढ़ियाँ नहीं रखता था, या उनमे हिजाब ना करने की वजह से या ऐसे बहुत से सतही मामलात (जो आज के **Fabricated "इस्लामी निज़ाम"** में असल का मुक़ाम रखते हैं) की वजह से उस समाज (क़बीला) में जंग वा जिदाल का माहौल गर्म था ? या असल में वह उमूर सबब थे कि जिसकी वजह से समाज का कमज़ूर इंसान कराह रहा था और ताक़तवरों ने अपनी ताक़त के ज़ोर से उनके बुनियादी इंसानी हुक़ूक़ सल्ब कर रखे थे और उन्हीं बुनियादों पर उन्होंने उन कमज़ोरों पर ज़ालिमाना हुकूमत क़ायम कर रक्खी थी !

एक सलीमुल फ़ितरत इंसान के लिए यह बात समझना बहुत आसान है कि वह दूसरा सबब (ज़ालिमाना हुकूमती निज़ाम) ही था जिसने इंसानों के बीच निज़ाआत पैदा कर दिए थे और वह इस क़दर परवान चढ़ गए थे कि उसके ख़ात्मे की अशद ज़रूरत थी और ऐसा कैसे हो सकता है कि ख़ालिक़ ने जिस निज़ाम को **"निज़ामे हक़"** से ताबीर किया हो उस निज़ाम के असल और बुनियादी कवानीन व उस निज़ाम को क़ायम करने का हक़ीक़े मकसद उन उमूर से ना हो जिसकी इंसान को अशद ज़रूरत थी, इसलिए ख़ालिक़ ने समाज में क़ायम किए जाने वाले उस निज़ाम के बुनियादी कवानीन जो **Directly state concern** होते हैं यानि वह कवानीन जिन्हें **State forcefully** अपनी अवाम पर **Impose** करती है जिनके **establishment** की समाज को हर हाल में ज़रूरत होती है और अगर समाज में ऐसे कवानीन किसी निज़ाम के तयीं क़ायम ना हों तो समाज अपने इंसानी मेयार से गिरकर एक बदतरीन समाज की शक्ल इख़्तियार कर लेता है, इसलिए ख़ालिक़ ने ऐसे तमाम उमूर को **"इस्लामी निज़ाम"** के क़याम के बुनियादी उसूल क़रार दिये!

यह तबसिरा हमे इसी ओर ले जाता है कि हुकूमत के तयीं नाफ़िज किए जाने वाले कवानीन की हर शिक़ का इनहिसार मजमुई तौर पर ख़ास उन्हीं उमूर से होना चाहिए जिसके अदमे वुजूद से समाज दरहम बरहम हो जाता है, और इंसानो का इंसानों के साथ ख़ुशहाली के गुज़र बसर करना नामुमकिन हो जाता है !

इसलिए **"इस्लामी निज़ाम"** में **State concern laws** यानि वह क़वानीन

जिन्हें वह ताक़त के साथ अवाम पर नाफिज़ करने का हक़ रखती है, वह वही कवानीन होते है जिनका **Direct** या **Indirect** उसी मकसद को पूरा करने की तकमील होती है जिसकी वजह से अज़ल में इंसान को इंसान पर हुकूमत करने का हक हासिल हुआ था !

लेकिन अफ़सोस सद अफ़सोस कि जब **"इस्लामी निज़ाम"** को **"मज़हबी निज़ाम"** में तब्दील कर दिया गया तो वह निज़ाम अपने ख़ास मक़सदे हक़ीक़ी से मुनहरिफ़ हो गया फिर उसका मकसद **"मज़हबी फुरुआत"** को क़ायम करना असल मकसद बनकर रह गया, जिससे खालिक़े कायनात का वह **फितरी निज़ाम** जो इंसानों के लिए बाइसे रहमत था वह दुनिया के एक ख़ास तबक़े के अलावा तमाम इंसानों के बीच एक ख़ौफ़नाक निज़ाम के नाम से जाना जाने लगा !

हालांकि इस्लामी निज़ाम फ़ितरते इंसानी पर मबनी निज़ाम है !

तारीख़ गवाह है कि इस्लाम के **Reformation** से पहले यानि आज से 1440 साल पहले दुनिया की हुकूमतें उन बुनियादी इंसानी हुक़ूक़ से मुकम्मल तौर पर बेबहरा हो चुकी थीं, और उनमे वह उमूर जो एक इस्लामी निज़ाम या निज़ामे हक़ के बुनियादी उसूल हैं, सिरे से पाये ही नहीं जाते थे, लेकिन इसका मतलब यह भी नहीं है कि वह समाज एक जंगली समाज था, और उस समाज में वह तमाम चीजें भी मुबाह थीं जिन्हें आम समाजी उसूल के तहत बुरे कहे जाते हैं, यानी हर इंसानी समाज के कुछ ऐसे मुसल्लमात होते हैं जो हर दौर में किसी ना किसी सूरत में पाये ही जाते हैं, और उससे कोई समाज पूरी तरह नाआशना नहीं होता, जैसे चोरी करना, किसी का क़त्ल कर देना, किसी के साथ लूट मार करना वग़ैरा- वग़ैरा, यह सब हर ज़माने में मुसल्लमां तौर पर समाज में जरायेम की ही हैसियत रखते थे, लेकिन जो उमूर समाज में मुकम्मल तौर पर ख़त्म हो चुके थे, और समाज का कमजोर इंसान उनके हुसूल का तसव्वुर भी नहीं कर सकता था वह यही थे कि समाज के हर आम व ख़ास इंसान को उसके इंसानी हुक़ूक़ का मयस्सर ना होना व उनके बीच अद्ल ओ इंसाफ़ का क़ायम ना होना !

जब **इस्लामी हुकूमत** का मक़सद इंसान को उसकी अपनी आज़ादिये हुदूद में रखना और उनके बीच अद्ल व इंसाफ़ को क़ायम करना है, तो ज़ाहिर सी बात है कि उसके तयीं नाफिज़ होने वाले तमाम क़वानीन की असल बुनियाद भी वही होनी चाहिए कि जिससे एक इंसान किसी दूसरे इंसान की हुदुदे आज़ादी में मदाख़ेलत ना कर सके, और अगर इंसान यह ख़ता कर बैठे तो दूसरे शख़्स को उसके साथ होए इस ज़ुल्म का पूरा पूरा इंसाफ़ दिलाया जा सके !

लेकिन जब **"इस्लामी निज़ाम"** अपनी असल बुनियादी उसूलों से मुनहरिफ़ हो गया तो उसकी कमान भी उन्हीं मज़हबी **Fanatic hardliners** के पास आ गई जिन्होंने उस "निज़ामे हक़ीक़ी" के असल बुनियाद को तब्दील किया था, फिर उन्होंने "**इस्लामी निज़ाम**" के नाम से वही किया जिसका कि उस **"निज़ाम"** के क़याम के असल मक़सद से कोई लेना देना नहीं था !

इसी वजह से दौरे हाज़िर में **"इस्लामी निज़ाम**" के नाम से क़ायम होने वाली हुकूमतों का असल मक़सद उन्हीं मज़हबी उमूर को क़ायम करना बन गया जो उस निज़ाम में महज़ **तबलीग़ व तालीम** का मुक़ाम रखते है, और वह असल बुनियादी मक़सद जिसकी वजह से उस निज़ाम को वुजूद बख्शा गया था, वह निज़ाम से इस क़द्र ओझल हो गया कि जैसे लगने लगा कि इस निज़ाम का उन बुनियादी इंसानी क़वानीन से दूर दूर तक कोई लेना देना ही नहीं है !

वह उमूर जिनका समाज में सिरे से नामो निशान मिट शुका था, वह दरअसल वही उमूर थे जिसपर एक सालेह निज़ाम **"निज़ामे हक़"** की असल बुनियाद होती है, यानी **(Judiciary, Human right, Social equality, Taxes)** जिसके अदमे वजूद की वजह से ही इस्लाम ने ऐसे तमाम निज़ाम को **"बातिल निज़ाम"** से ताबीर किया और उसकी जगह "**सालेह निज़ाम**" या "**निज़ामे हक़**"को ताक़त के साथ क़ायम करने का हुक्म दिया !

इसके बरअक्स उलमाये इस्लाम के ज़रिए की गई इस्लामी सल्तनत के ग़लत फ़लसफ़े ने सारी दुनिया में Islamophobia जैसी बीमारी को जन्म दे

दिया !

दरअसल ख़ालिक़ का उसपर लाने वालों को दुनिया में इस्लामी निज़ाम के क़याम का हुक्म देने का मक़सद इंसान को तभी हासिल हो सकता है जब दुनिया में उनके ज़रिए क़ायम की गयी हुकूमत उन उसूलों पर क़ायम हों जो ख़ालिक़ कायनात के नाज़िल करदह फ़ितरी क़वानीन पर मबनी हों, जिससे कि उसे क़ुबूल कर लेना हर सलीमुल फ़ितरत इंसान के लिए मुश्किल ना हो और वह बाआसानी समझ सके कि यही निज़ाम इंसानी समाज के लिए मौज़ू (Suitable) है ! जिससे समाज में उसका नाफ़िज होना इंसानों का एक फ़ितरी तक़ाज़ा साबित हो और यह साबित हो सके कि उसके नाफिज़ ना होने की सूरत में समाज का कोई भी ग़रीब या कमजोर शख़्स अपने बुनियादी इंसानी हुक़ूक़ को क़तअन हासिल नहीं कर सकेगा जिससे समाज में कभी अमन क़ायम नहीं हो सकता !

क्योंकि दुनिया में बसने वाले तमाम इंसान ख़ालिक़ की नज़र में बहैसियते इंसान के बराबर हैं, इसीलिए वह हर इंसान के साथ यकसा सुलूक करता है, और उसके क़ानून के मुताबिक़ इस दारुल असबाब (दुनिया) में जो क़ौम भी जिस किसी भी मनसब को हासिल करना चाहती है उसे उन्हीं उसूल व ज़वाबित के ज़रिये ही हासिल कर सकती है जो खालिके कायनात ने अबद के लिए बना दिये हैं, चाहे वह क़ौम ईमान वाली हो या ग़ैर ईमान वाली !

ईमान व ग़ैर ईमान का ताल्लुक़ दुनिया की किसी भी Opportunity को Gain करने में मायने ही नहीं आता !

जब इस कायनात को बनाने वाला इंसानों को इस दुनिया में Facilitate करने में कोई फ़र्क़ नहीं करता, तो उस ख़ुदा पर ईमान लाने वालों को यह हक़ किसने दे दिया कि वह इंसानों में तफ़रीक़ करे और जो उसपर ईमान ना लाए उसे महकूम बनाकर या Secondary citizen बनाकर उसे जिज़्या (Religious tax) देने पर मजबूर करे, हालाँकि अल्लाह फ़रमाता है :-

"لَا إِكْرَاهَ فِى ٱلدِّينِ" "दीन में कोई ज़बरदस्ती नहीं"

(अल-बक़रह-256)

यहाँ **दीन** से मुराद उसकी उलूहियत पर ईमान लाना है ,यानी इंसान अगर उसके वा दहु ला शरीक होने पर ईमान ना भी लाये, तो भी उसके इस जुर्म का जो हालाँकि जुर्मे अज़ीम है, लेकिन क्योंकि वह एक ऐसा जुर्म है कि जिससे किसी दूसरे इंसान का कोई हक़ सल्ब नहीं होता है इसलिए अल्लाह ने इस जुर्मे अज़ीम की कोई सज़ा इस दुनिया में रख्खी ही नहीं है, और इस उसूल के तहत कोई इस्लामी हुकूमत इस जुर्म की अदना दर्जे की सज़ा भी किसी को दे ही नहीं सकती, (लोगों से जिज़्या वसूल करना दरअसल उनके **शिर्क फ़िल माबूद** की ही सज़ा के तौर पर लिया जाता है जो कि ख़ुद कुरआनी उसूल के ख़िलाफ़ है) क्योंकि यह उस शख़्स के और ख़ालिक़ के बीच का मामला है जो कि रोज़े आख़िर में फ़ैसलाकुन होगा, ईमान वालों पर वाजिब तो बस तमाम इंसानों तक हसीन अन्दाज़ में दावत पहुँचाने तक ही है !

अल्लाह हुक्म देता है कि :-

"فَذَكِّرْ إِنَّمَا أَنتَ مُذَكِّرٌ"

"आप नसीहत करते रहें, आप सिर्फ़ नसीहत करने वाले हैं "

(अल ग़ाशिया-21)

"لَسْتَ عَلَيْهِم بِمُصَيْطِرٍ"

"आपको कोई ज़बरदस्ती करने के लिए मुसल्लत नहीं किया गया है

(अल ग़ाशिया-22)

और इसी वजह से अल्लाह ने क़ुरआन में उसके मानने वालों पर यह हुक्म आयद कर कि दिया उसकी **माबूदियत** को तसलीम कराने में इंसान पर वह कोई जब्र नहीं कर सकते!

फ़रमाया :-

"لَا إِكْرَاهَ فِي الدِّينِ"

"दीन के मामले में कोई ज़बरदस्ती नहीं "

(अल बकरह -256)

दरअसल इस्लामी हुकूमत मज़हबी रुसुमात से परे उन उमूर पर हुकूमत का बुनियादी ढाँचा बनाती है जो कि दुनिया में बसने वाले समाज को एक **Civilised society** बनाने के लिए दरकार है, जिन उसूलों के बग़ैर ऐसे समाज का तसव्वुर किसी भी हाल में मुमकिन ही नहीं होता, और जिन क़वानीन के समाज में नाफिज ना होने की सूरत में एक इंसानी समाज इंसान जैसी आला तरीन मख़लूक़ जिसके बारे में अल्लाह ने क़ुरान में फ़रमाया :-

"لَقَدْ خَلَقْنَا الْإِنسَانَ فِي أَحْسَنِ تَقْوِيمٍ"

("हमने इंसान को बेहतरीन साख़्त पर पैदा किया") के बरअक्स इंसान जैसी आला तरीन मख़लूक़ अपने उस आला मेयार से गिरकर जंगली जानवरों से बदतर समाज की शक्ल इख़्तेयर कर लेता है !

ख़ालिक़ के अब्दी उसूल के तहत इंसानों पर "हुकूमत" करने का हक़ उस क़ौम को हासिल है जो फ़ी ज़माना दूसरों से ज़्यादा सलाहियत रखती हो, चाहे वह मज़हबी तौर पर "मुसलमान हो या ग़ैरमुस्लिम"

मक़सदे नबूवत्

आम तौर पर मुसलमानों में यह ग़लतफ़हमी पैदा हो गई कि रूए अर्ज़ पर सिलसिलाये नबूवत् का मक़सद दुनिया में बसने वाले तमाम इंसानों को दाख़िले इस्लाम करना होता है, यानि अंबिया का मक़सद बस यही होता था कि वह लोग जो अल्लाह के सिवा किसी और की पूजा परस्तिश करते हैं वह सब उन्हें छोड़कर सिर्फ़ अल्लाह की पूजा परस्तिश (इबादत) करने लगें, यह बात अपनी जगह सही है, पर ख़ालिस यही मक़सद नबूवत् की असल मंशा किसी भी नबी का कभी भी नहीं रहा है, बिलाशुभह एक नबी अपनी उम्मत को यह दावत देता है की वह तमाम झूटे ख़ुदाओं को छोड़कर सिर्फ़ एक अल्लाह की पूजा (इबादत) करे, लेकिन साथ ही वह इस बात के लिए भी ख़ास मबऊस किया जाता है कि वह इंसानी समाज में उन तमाम मुनकरात का ख़ात्मा करे जिसकी वजह से इंसान इंसान का ग़ुलाम बनने पर मजबूर हो गया हो, और उसमे इतनी सकत भी बाक़ी ना हो कि उस अज़ीम ज़ुल्म के ख़िलाफ़ वह कोई आवाज़ बुलंद कर सके, क्योंकि ख़ालिके कायनात ज़ाते अंबिया को रहमते आलम बनाकर भेजता है, इसलिए उसकी रहमत का तक़ाज़ा ही यही है कि भले ही इंसान उसको अपना **ईलाह** मानने से इनकार कर दें, फिर भी उसकी रहमत उसे इंसानी ज़रूरियात से कभी महरूम न करे, इसलिए वह उन्हें भी बिलकुल उसी तरह वह तमाम सहुलतें फ़राहम करता जिसे कि वह उसपर उसकी उलूहियत पर **ईमान** लाने को अता करता है, इसकी मिसाल दुनिया में जग ज़ाहिर है कि जब इंसान इस माद्दी असबाब की दुनिया में अपने किसी भी अमल में उस तरीक़े कार को अपनाता है जो कि उस अमल की तकमील के लिये लाज़मी हो तो तो उसे वही नफ़ा हासिल होता है जो किसी ईमान वाले को ऐसा करने से हासिल होता है ! दुनिया देखती है कि जब कोई इंसान बीमार पड़ता है जो जो दवा एक ईमान वाले पर काम करती है ठीक उसी तरह एक ग़ैर ईमान वाले को भी उससे वही इस्तेफ़ादा होता है, ऐसी तमाम खुली मिसालें मौजूद हैं कि ख़लीक़े कायनात इस दुनिया में इंसानों के साथ यक्सा बर्ताव करता है चाहे वह उसे अपना **ईलाह** मानता हो या नहीं!

चंद मिसालें हमें बताती हैं कि दुनिया में अगर इंसानों के साथ कोई इस मुक़ाम की ज़ुल्म ज़्यादती हो रही होती है कि उस दौर के लोग उसके ख़िलाफ़ आवाज़ तक बुलंद करने की सलाहियत या हिम्मत व इस्तेदाद ना रखते हों तो खुदाई रहमत उन तमाम इंसानों को उस ज़ुल्म से निजात दिलाने के लिए **अंबिया** को मबऊस करती हैं कि वह नूए इंसानी को इस ज़ुल्म से आज़ादी दिलाने के लिए **जिहाद** का आलम बुलंद करें ताकि उन कमज़ोरों को ज़ालिमों से मुकम्मल निजात दिलायी जा सके !

बनी इज़राइल को फिरऔन के मज़ालिम से आज़ादी दिलाना जैसी तफ़्लीलात से हमें मक़सदे नुबवत् की वज़ाहत बाख़ूबी हो जाती है कि अंबिया की आमद व उनकी दावत का मक़सद महज़ लोगों को अल्लाह की वहदानियत की दावत तक ही महदूद नहीं होता बल्कि नूए इंसानी पर इंसानों के ज़रिये किए जा रहे ज़ुल्म व बर्बरियत से आज़ादी दिलाना भी बेअसते अंबिया का मक़सदे ऐन होता है !

एक दूसरी मिसाल से यह बात और भी वाज़ेअ हो जाती है कि अगर अंबिया की आमद का मक़सद सिर्फ़ लोगों को अल्लाह की वहादनीयत की दावत देना ही होता है तो आख़िर क्या वजह है कि हज़रते इस्माइल (अल०) के बाद से नबी ए आख़िरुज़ामा (सल्ल०) तक मक्के में कोई नबी क्यों नहीं आया? क्या हज़रते इस्माइल (अल०) के मुबारक दौर के गुज़र जाने के बाद लोग वापस ख़ालिक़ की उलुहीयत में शिर्क के मूर्तक़िब नहीं हुए ? अगर अंबिया की आमद का महज़ मक़सद लोगों को अल्लाह की उलुहियत की दावत देना ही होता है तो आख़िर क्या वजह थी कि हज़रते इस्माइल (अल०) बाद जबकि लगों ने वापस अल्लाह की उलुहीयत में शिर्क करना शुरू कर दिया, तो फिर इसके बावुजूद भी अल्लाह ने एक अरसए दराज़ (तक़रीबन 5000 साल) तक बनी इस्माईल में सिलसिला ए अंबिया को क्यों मुनकताअ रख्खा? और यही सिलसिला बनी इसराइल में बराबर जारी रहा, अगर मसला अल्लाह की उलुहियत का है तो सवाल यह उठता है कि फिर तो यह सिलसिला बनी इस्माइल में भी जारी रहना चाहिए, और फिर क्योंकि बनी इसराईल तो आख़िर अपने ख़ालिक़ की उलुहीयत में शिर्क में मुरतक़िब तो नहीं थे, वह तो तौहीद के क़ायल थे, फिर आख़िर क्या वजह थी कि एक मुशरिक़ क़ौम को **bypass**

करके तमाम अंबिया बनी इसराइल में ही आते रहे ?

तारीख़ गवाह है कि ख़ुदाई हुदूद की पामाली से लेकर मज़लूमो पर ज़ुल्म व बर्बरियत का सिलसिला बनी इसराइल में ही होता रहा था !

इन मिसालों से क़तैय्यत के साथ साबित होता है कि अंबिया की आमद का मक़सद महज़ लोगों को ईमानवाला (मुसलमान) बनाना ही नहीं होता, बल्कि बल्कि नूए इंसानी को उनपर इंसानों के ज़रिये किए जा रहे ज़ुल्म व बर्बरियत से आज़ादी दिलाना भी होता है हर दौर के नबी ने अपनी क़ौम पर इन दोनों फ़रीज़ों की अंजामदेही में अपनी पूरी ताक़त को खपा देने में कोई कसर बाक़ी नहीं रख्खी !

इस तरह अंबिया की आमद रुए अर्ज़ के लिए बाइसे रहमत थी जिसने लोगों को ख़ालिक़ की वाहदानियत की दावत के साथ साथ तमाम इंसानों को इंसानों की ग़ुलामी से मुकम्मल आज़ादी दिला दी ! और इस नेमत की आख़िरी कड़ी को ख़ालिक़ ने अपने आख़िरी नबी (सल्ल०) की आमद के बाद नुबूवत का ख़ात्मा करके दुनिया में बसने वाले ईमान वालों को इस अज़ीम काम (कारे नुबुव्वत) की अंजामदेही के लिए क़यामत तक का ज़िम्मेदार बना दिया !

और फिर नुबूवत का ख़ात्मा इसलिए भी कर दिया दिया गया कि ख़ालिक़ ए कायनात बदलती हुई इस दुनिया से बाख़ूबी वाक़िफ़ था, वह जनता था कि आने वाला वक़्त में दुनिया में क़ायम होने वाले **हुक़ूमती निज़ाम** में क्या तब्दीली वाक़ेए होने वाली है, वह बाख़ूबी जानता था कि अब अनक़रीब **Monarchy** का ख़ात्मा होने वाला है, और दुनिया **Democretic system** की तरफ़ ग़मज़न हो जाएगी, जिस **System** में किसी हाकिम को वह ख़ुदमुख़्तारी हासिल ना होगी जो फ़िल वक़्त हासिल थी, यानि यह वह दौर था कि जब हाकिम ख़ुदमुख़्तार था कि वह अवाम से मनमाना **Tax** ले या किसी भी जुर्म की कोई भी सज़ा अपने मनमर्जी **Decide** कर दे या अपनी ताक़त से जिस मुल्क पर चाहे चढ़ाई कर दे, या जिस मज़हब में उसका **Intrest** हो उसी मज़हब पर अपनी अवाम को मानने पर मजबूर जार दे वग़ैरा वग़ैरा !

लेकिन आज के इस **Democretic system** के तहत हुकूमती निज़ाम में हर एक को अपने "**मज़हब**" पर चलने की पूरी आज़ादी हासिल है **Unless** कि इंसान ख़ुद ही हुकूमत की अताकरदह आज़ादिए हुदूद को **Violate** करे, वरना हर "**मज़हब**" के मानने वाले को आज की इस दुनिया में मुकम्मल आज़ादी हासिल है कि वह अपने "**मज़हब**" के मुताबिक़ अपनी ज़िन्दिगी गुज़ार सके !

जो कुछ भी आज इस दुनिया में इस्लाम और मुसलमानों के तायीं नफ़रत पायी जाती है इसमें बहुत बड़ा किरदार व सबब उलामा के ज़रिए की गई इस्लाम की और क़ुरानी आयात की **Misinterpretation** का है, वरना अब इस दुनिया में ना तो कोई ताक़त "**हुदा**" (आसमानी हिदायात) का मुकम्मल का तौर पर ख़ात्मा कर सकने पर क़ुदरत रखती हैं और ना ही उस "**हुदा**" के पैरोकारों का,! और ना ही अब दुनिया में उस "**हुदा**" को **Propagate** करने से इस **Democratic system** के रहते कुल्ली तौर पर रोका जा सकेगा ! इसलिए अब आज की इस दुनिया में उन हिदायात के मानने वालों में ही ख़ासकर कि उनके बीच उलिल अम्र में यह इस्तेदाद पैदा कर दी गई है कि वह कारे नुबुव्वत को जो पहले **Individually** अंजाम दे जाती रही थी, अब वह ज़िम्मेदारी **Collectively** तमाम उम्मत के उलिल अम्र पर डाल दी गई है ! और अब ताक़यामत ऐसा ही होता रहेगा ! ख़ालिक़ के इस **Programme** ने "**नुबूवत**" का नेमुल बदल बनाकर सिलसिलाये नुबूवत को जारी रखने की ज़रूरत का कुल्ली तौर पर ख़त्म कर दिया, तो ज़ाहिर सी बात है कि अब कारे नुबुव्वत के अंजाम देने की ज़िम्मेदारी उम्मत के **Intelectualls** पर आ गई, लेकिन जो बात इस कारे नुबुव्वत के अंजाम देने में इंतहाई ग़ौरतलब है वह यह कि आज उस काम की अंजामदेही का तरीक़ये कार क्या होना चाहिए ? क्या उस कारे नुबुव्वत को बाऐनिही उसी तर्ज़ पर अंजाम दिया जाना चाहिए ? जबकि दुनिया की सूरते हाल कुल्ली तौर पर तब्दील हो चुकी हो ! हालात हमे इसी ओर ले जाते है कि आज उस अंबियाई मिशन को बाऐनिही उसी तर्ज़ पर क़तआन अंजाम नहीं दिया जा सकता, आज हमें उस अम्र की अंजामदेही आज के मौजूदा दौर के मुताबिक़ ही करनी होगी जो कि माज़ी के उस दौर से बिल्कुल मुख़्तलिफ़ है !

बावजूद इसके अगर इस हक़ीक़त को नज़रअंदाज़ करते हुए अगर उस कारे नुबुव्वत को जिसकी अदायगी की ज़िम्मेदारी उम्मते मुस्लिम पर पर डाली गई है अगर उसे उसी **Methedology** के तर्यी अंजाम दिया गया तो उसका अंजाम कभी मुस्बत बरामद नहीं हो सकता ! क्योंकि आज के इस दौर में मक़सदे **"नुबुव्वत"** का वह पहलू जिसमें वह दुनिया में होने वाले **Violation of human right** के ख़िलाफ़ इक़्दाम करके उन मज़लूमों को उस ज़ुल्म से निजात दिलाना जैसे अम्र पर उम्मते मुस्लिम का ज़ाती तौर (अवमुन्नास का) पर अमलपैरु होना आज ख़ुद इस्लाम के सियासी उसूल से क़तआन मुताबिक़त नहीं रखता !

आज के इस **Global world** में जहाँ दुनिया के तमाम मुल्क आपस में **Interconnect** हो चुके हैं, और उनके बीच के मामलात के लिये **International laws** और उनके **Implementation** के लिए **International court** तक वुजूद में आ चुकी है, जहाँ मुल्कों के आपसी मामलात के निपटारे के लिए **U.N.O** का वुजूद है, ऐसी सूरते हाल में अगर अवाम अज़ख़ुद (कारे नुबुव्वत समझते हुए) किसी खित्ताये अर्ज़ पर होने वाले **Violation of human right** के ख़िलाफ़ या अपने मुल्क में क़ायमकरदह हुकूमत के ख़िलाफ़ किसी **Militia group** को तशकील देकर किसी मुल्क की या अपने ही मुल्क की **Military** से बसरे पैकार हो जायें, जो भले ही वह अपने हक़ के लिए ही क्यों लड़ रहे हों, यह कैसे मुमकिन उन्हें (ज़ाती तौर पर) आज के इस बदले हुए दौर में यह हक़ दे दिया जाये जो माज़ी के उस दौर में अवमुन्नास को हासिल हुआ करता था !

और अगर इस हकीकत को नज़रअंदाज़ करते हुए किसी ने उस काम को ज़ाती तौर पर यानि किसी हुकूमत की **Military** के अलावा अज़ख़ुद अंजाम देने के कोशिश की तो बैनुल अक़्वामी क़वानीन के तहत उनके **Unauthorised body** होने की वजह से उन्हें एक **Militant group or militant organisation** ही क़रार दिया जाएगा ! बनिस्बत इसके कि अगर यही काम किसी मुल्क की **Military** अंजाम देती है और वो उस **Violation of human right** के ख़िलाफ़ कार्रवाई करती है, तो उस **Military act** को क़तई **Terrorist act**

क़रार नहीं दिया जाएगा !

इन तमाम नुक़ूत को ध्यान में रखते हुए आज की मुस्लिम दुनिया में चाहे अपने हुक़ूक़ की ख़ातिर ही सही, जिहादी तंज़ीमों के ज़रिए **Militia group** बनाकर जो कुछ भी अंजामदेही की जा रही है क्या उससे कोई मुस्बत नतीजा सामने आ सकता है ? और अगर कोई इसे सही और मुनासिब अमल समझता है तो ऐसा सोचना मेरे नज़दीक़ तो कोई अक़्लमंदी नहीं है !

और फिर यह भी अगर यही जंग उन मुल्कों की **Military** अंजाम दे भी रही होती, तब भी इस हक़ीक़त को कैसे नज़रअंदाज़ किया जा सकता है कि आज के **Muslim world** के पास न ही इतनी **Trained military** है और न ही **Advance technology** में सफ़े अव्वल में खड़े होने का दम दुरूद, वह तो बस क़ुदरती ख़ज़ानों पर ऐश और अय्याशी करने और उसके ज़रिए कमाए हुए पैसों से दूसरों के ज़रिये बनाए हुए हथियारों की ख़रीद फ़रोख़्त पर ही नाज़ किए जा रहे हैं, हालाँकि उनकी हैसियत मगरिब के असर व रुसूख़ और **Military power** के आगे चूहों की है, इसलिए आज का **Muslim world** क़ुरआनी आयात:-

(**وَأَعِدُّوا لَهُم مَّا اسْتَطَعْتُم مِّن قُوَّةٍ وَمِن رِّبَاطِ الْخَيْلِ**) पर अमल करने से पूरी तरह क़ासिर है, और वह ख़ामोश तमाशाई बनकर कर दुनिया में होने वाले **Violation of human right** को बेबस आँखों से बस निहार सकते हैं !

इन तमाम हक़ीक़तों से सर्फ़ेनज़र करते होए एक हमारे उलामा है जो अवाम को हक़ीक़त से रोशनास नहीं होने देते हैं और उनको **Hypothetical fantasy world** की देवमालाई कहानियों (जिसे उन्होंने क़ुतुबे अहदीस और तारीख़ की किताबों में मुजाहिदीन के मुतल्लिक़ मनघड़ंत बातें और वाक़यात के तौर पर दर्ज कर रक्खा है) में और में मस्त रखने में लगे हुए हैं, वह इन निहत्ते नवजवानों को **Organised and well trained highly equipped military** के ख़िलाफ़ **शहादत** और **जन्नत** का ख़्वाब दिखाकर बुरी तरह भिड़ाने में लगे पड़े हैं, इसके अंजाम से सर्फ़ेनज़र करते हुए कि इसका कितना ख़तरनाक नतीजा उन्हें या फिर पूरी

उम्मत को भुगतना पड़ेगा !

यहाँ जो बात इंतहाई ग़ौरतलब है वह यह कि क़ुरआनी आयात हों या हदीसे मुबारका दोनों में जिन जिन जगहों पर लफ़्ज़े "**जिहाद**" का इस्तेमाल हुआ है उसकी वह तर्जुमानी की जानी चाहिए जो कि आज के इस दौर के मुताबिक़ उसका हक़ीक़ी मतन है !

क्योंकि क़ुरआनी आयात व हदीसे मुबारका की शरह हमारे उलमा के ज़रिए मक्के की हुदूद का पाबंद बनकर की गई जिससे बिलउमूम अवामी सतह पर "**जिहाद**" जैसी इस्लामी इस्तेलाह को भी उसी मयनों समझा गया जिसे मख़्सूस तौर पर उस दौर के अवमुन्नास के ज़रिए अंजाम दिए गए "**क़िताल**" के मयनों में बयान किया गया था, जोकि आज के इस दौर के लिए क़तआन मौज़ू **(Suitable)** थीं, जिससे नतीजतन अवाम में यह ग़लतफ़हमी आम हो गई कि क़ुरआनी आयात में बयानकरदह "**जिहाद बिल क़िताल**" का इतलाक़ आज भी बाऐनिही उसी तरह अवमुन्नास पर होता है जिस तरह दौरे माज़ी में हुआ करता था, और इसकी अदायगी करना हर उस नवजवान पर फ़र्ज़ है जो जंग करने के क़ाबिल है, हालाँकि "**क़िताल**" करने जैसे हुक्म का इतलाक़ ज़मान ए हाल में अवाम पर होता ही नहीं है, लेकिन बदक़िस्मती से इन नुक़ूत पर ग़ौर किए बगैर क़ुरआनी आयात व हदीसे मुबारका की **रिवायती** तफ़सीर किए जाने की वजह से बिलउमूम अवाम का वह ज़हन बन गया जो दौरे हाल की इस मुकम्मल तौर पर बदली हुई दुनियावी सूरत से क़तआन मुताबिक़त नहीं रखता था, जिसके नतीजे में "**जिहाद बिल क़िताल**" करने के लिए अवामी सतह पर मुख़्तलिफ़ **जिहादी** तंज़ीमे वुजूद में आ गईं और उन्होंने क़ौम के नवजवानों के ज़हन ओ दिमाग़ की **Culturing** करने के लिए मुख़्तलिफ़ महाज़ खोल दिए जिसमें एक महाज़ **Literature** का भी था, जिसके कूछ इक़्तेसबात आगे नक़ल किए गए हैं !

उन जिहादी तंज़ीमों ने क़ुरआनी आयात को अपने ऊपर वैसे ही नाफ़िज कर लिया जैसे कि माज़ी में नुज़ूल के उस दौर में हुआ करता था, यानि उस दौर में तो इन आयात का इतलाक़ हर उम्मती पर होता था, कयोंकि उस वक़्त के हालात कुछ

और थे, उस दौर में ज़ुल्म के ख़िलाफ़ लड़ने के लिये कोई मुस्तकील **Police force** या **Military** का कोई वुजूद ही नहीं था, जिसकी वजह से ज़ुल्म के ख़िलाफ़ या अपने वतन की हिफ़ाज़त के लिए लड़ने की ज़िम्मेदारी **As a volunteer** हर उम्मती पर थी, लेकिन बदलती हुई यह तरक़्क़ियाफ़ता दुनिया जैसे जैसे तरक़्क़ी करती गई हर मुल्क में मुस्ताक़िल **Salary Paid Forces** वुजूद में आ गयीं जिनकी तनख़्वाहें अवाम से वसूले गये **Taxes** से दी जाने लगीं, इसलिए उसूली तौर पर वह तमाम ज़िम्मेदारियाँ जो कि मुल्क के तहफ़्फ़ुज़ या ज़ुल्म के ख़िलाफ़ ऐलाने जंग करने की आम अवाम पर थीं, मुस्तकिलन मुकम्मल तौर पर अवाम से मुंतकिल होकर उन **Forces** पर आ गयीं कि जिन्हें सिर्फ़ उन्हीं ज़िम्मेदारियों को पूरा करने के लिए वजूद बख्शा गया था !

उम्मते मुस्लिमा में यह ग़लतफ़हमी आम होने की हक़ीक़ी वजह क़ुरआनी आयात को ज़मानाये हाल के ऐतेबार से ना समझने से पैदा हुई, हालाँकि क़ुरआन ए करीम का हर हुक्म हर ज़माने के लिए हुज्जत है लेकिन उसकी उस ग़लत तर्जुमानी पर अमलपैरा होने की की वजह से क़ुरआन ख़ुद उनके और इंसानी समाज लिए दुश्वारी का बाईस बन गया!

यह सब उसी वक़्त से शुरू हो गया कि जब बदक़िस्मती से क़ुरआनी इज्तेहादात का दरवाज़ा उम्मते मुस्लिमा में कुल्ली तौर पर बंद कर दिया गया, और क़ुरआनी तफ़ासीर को **उसूले तफ़सीर, शाने नुज़ूल** जैसी मज़बूत ज़ंजीरों में जकड़ दिया गया, जिसने क़ुरआन जैसी अफ़ाकी किताब को शहर "**मक्का** वा **मदीना**" की हुदूद में "**शाने नुज़ूल**" जैसी इस्तेलाह के ज़रिए मुक़य्यद करके रख दिया, फिर क्या मजाल किसी की कि कोई अज़ सिरे नो मुकम्मल क़ुरआन तो क्या किसी एक आयत पर भी उन उसूलों से हटकर ग़ौर ओ तदब्बुर कर सकने की जसारत कर सके !

तारीख़ गवाह है कि अगर किसी ज़माने में कोई बाग़ी ऐसा जुर्मे अज़ीम कर ही बैठा, तो उलमाये जमहूर ने उसे उम्मते मुस्लिमा से **Marginalise** करके उसके ख़िलाफ़ गुमराही के फ़तावों की तीरों बौछार करके उसका सीना छलनी कर दिया, उलामा का ऐसी सख़्त सज़ा देने का मक़सद ही यही था कि यह दर्दनाक सज़ा आने

वाले वक़्त के लिए इब्रत बन जाये, ताकि फिर कोई मुहिब्बे क़ुरआन शख़्स भी क़ुरआन को रिवायती तफ़ासीर से हटकर उसपर ग़ौर ओ तदब्बुर करने की हिम्मत ना कर सके !

उलमाये जम्हूर के इस ज़ालीमाना अमल ने क़ुरआनी फ़हम को ज़ंग आलूदह कर दिया, जिसके नतीजे में वह साहिबे फ़हम अश्ख़ास भी जो रूए अर्ज़ पर क़ुरआनी इंक़िलाब बरपा कर देते, उनके ज़हन भी क़ुरआनी आयात के मतन को समझने में मफ़लूज हो गये !

जिसका नतीजा यह निकला कि क़ुरआनी आयात का कोई मायना जो ज़माने हाल के ऐतेबार से चाहे कितनी ही मुनासिबत क्यों ना रखता हो, वह अगर ज़मानाये क़दीम के मुफ़स्सिरीन या मुतवातिर तफ़ासीरों के ऐतेबार से ना किया गया तो वह तफ़सीर बातिल क़रार दी गई और उसके लिए उन्होंने **"तफ़सीर बिल राय"** जैसी अज़ख़ुद ईजाद करदह इस्तेलाहात का इल्ज़ाम तराश कर उम्मत पर उन तफ़ासीरों के मुतालये को मुतलक़न ममनूअ करार दे दिया गया !

नतीजतन उम्मते मुस्लिमा ने क़ुरआनी आयात की उसी क़दीम फ़रसूदह तफ़ासीरों पर क़नाअत् कर लिया जो ज़मान ए माज़ी में की गई थीं !

इन सख़्त मज़हबी क़वानीन की वजह से उम्मते मुस्लिमा के दानिशमंदों ने भी **Ancient time** और **Present time** की इस **Major** तबलीली को नज़रअंदाज़ करते होए क़ुरआनी आयात की उसी तफ़सीर को जारी रखा कि जो दौरे हाज़िर की दुनिया के लिए कतआन मौज़ु **(Suitable)** नहीं थी !

मिसाल के तौर पर क़ुरआन की इन आयात पर ग़ौर कीजिए :-

وَأَعِدُّوا لَهُم مَّا اسْتَطَعْتُم مِّن قُوَّةٍ وَمِن "وَمِن" رِّبَاطِ "الْخَيْلِ تُرْهِبُونَ بِهِ عَدُوَّ اللَّهِ وَعَدُوَّكُمْ وَآخَرِينَ مِن دُونِهِمْ لَا تَعْلَمُونَهُمُ اللَّهُ يَعْلَمُهُمْ وَمَا تُنفِقُوا مِن شَيْءٍ فِي سَبِيلِ اللَّهِ يُوَفَّ إِلَيْكُمْ وَأَنتُمْ لَا تُظْلَمُونَ

इन आयात की शरह जब ज़मनाए हाल की मौजूदा सूरते हाल को कुल्ली तौर पर नज़रअंदाज़ करते हुए उसकी ज़मनाए क़दीम के हालात के मुताबिक़ उसकी वही **Outdated** तफ़सीर की गई जो ज़माने माज़ी में उस दौर के हालात के मुताबिक़ की गई थी, जिससे कि क़ुरआनी आयात से जो नज़रिया बनकर सामने आया उसे मिसाल के तौर पर मौजूदा दौर के इस्लामी दुनिया के एक बड़े आलिम **"अल्लामा यूसुफ़ अल क़र्ज़ावी"** जो कि मुल्क **"क़तर"** में मुक़ीम थे, उनकी किताब **"इस्लामी निज़ाम एक फ़रीज़ह एक ज़रूरत"** जिसमे उन्होंने मुस्लिम नवजवानों को **"इस्लामी निज़ाम दुनिया में किस तरह क़ायम होगा"** के तमाम नुक़ूत को बयान करने से लगाया जा सकता है जो इस तरह हैं :-

"आख़िर कब तक हम ऐसी उम्मत बने रहेंगे जिससे दुश्मन हमें सफे हस्ती से मिटाने के लिए घिनौने मंसूबे बनाते रहेंगे ? हम ख़ुद अपने लिए कोई मंसूबा क्यों नहीं बनाते, हम अपने दुश्मन के मंसूबे को ख़ाक में क्यों नहीं मिला देते ? क्या हमारे पास उन जैसी अक़्ल मौजूद नहीं है ? क्या हमारे पास वह क़ुव्वत व सलाहियतें नही है" (Page No-271-272)

अब इन इक़्तेसबात को पढकर कोई नवजवान क्या समझेगा ? यही तो समझेगा कि इस्लाम ने उसपर यह फ़र्ज़ आयद किया है कि वह हथियार चलना सीखे, **Military training** हासिल करे, और जिनता हो सके ज़ायदा से ज़्यादा ताक़त हासिल करे, फिर ग़ैरमुस्लिम हुक्काम के ख़िलाफ़ इन सब तवानाई को झोंक दे, ताकि **"मज़हबे इस्लाम"** को इन सबपर ग़लबा हासिल हो जाये ! और यही मज़कूराबाला क़ुरआनी आयत का मतन है जिसकी इताअत करना हर उम्मती पर वाजिब है !

उनके इस अमल ने नाकि सिर्फ़ उन्हें बल्कि तमाम दुनिया के मुसलमानों को हाशिए में लाकर खड़ा कर दिया, उम्मत के नवजवानों का इस नादानी से पुर अमल करने की पादाश में दूसरी क़ौमें इस्लाम और मुसलमानों से नफ़रत करने करने लगीं!

हालाँकि हक़ीक़त यह है की ऐसी तमाम ज़िम्मेदारियाँ दौरे हाज़िर में अवामी ना

होकर एक मुस्तक़िल मुल्क (जो कि बैनुल अक़वामी क़वानीन के मुताबिक़ एक Authorised body है) की हैं !

यह इन्ही तहरीओं का असर है जो आज दुनिया भर में जिहादी तंज़ीमे के वुजूद मे देखने को मिलता है !

इस हक़ीक़त को नज़रअंदाज़ करते हुए कि आज पूरी दुनिया में अवाम के ज़रिये किए गए इस अमल को बैनुलअक़्वामी कवानीन के तहत किसी भी हाल में **Recognise** नहीं किया जाएगा, चाहे उनका वह मुसल्लह अमल हक़ीक़तन ज़ुल्म के ख़िलाफ़ ही क्यों ना हो !

इसकी मिसाल ऐसे ही है जैसे कि कोई आम शख़्स जब किसी दूसरे शख़्स को क़त्ल कर देता है और उसकी मौत हो जाती है, तो भले क़त्ल करने वाले पर मक़तूल का क़िसास का हक़ ही क्यों ना हो, उस शख़्स के किए गए उस अमल को **Murder** कहा जाएगा और मौजूदा हुकूमत ऐसे शख़्स के ख़िलाफ़ क़ानूनी कार्यवाही करेगी, लेकिन वही अमल अगर कोई ऐसा शख़्स करे जो **Police** की वर्दी में हो तो उसके उस अमल को **Encounter** कहा जाएगा!, ऐसा इसलिए होगा कि पहला वाला शख़्स उस दूसरे शख़्स को क़त्ल के लिए **Authorised** नहीं था, और वहीं दूसरा शख़्स एक महकमे का सिपाही था और उसे उस अमल के लिए **Authorised** किया गया था, जिसकी वजह से क़ानून पहले वाले शख़्स को क़ातिल क़रार देकर क़त्ल की सज़ा देगा क्योंकि उसने **Murder** किया है, वहीं दूसरे शख़्स को जो कि उस अमल के लिए **Authorised Person** था और **Encounter** करना उसकी **Duty** थी, तो ऐसे शख़्स को हुकूमती महक्मे के ज़रिये इनाम से नवाज़ जायेगा !

यही वो बड़ा फ़र्क़ है कि जो माज़ी की उस दुनिया से आज के इस Modernised world में वुक़ुअपज़ीर हो गया !

लेकिन इस बड़े फ़र्क़ को नज़रअंदाज़ करते होए दुनिया की तमाम मुसल्लह जिहादी तंज़ीमों ने जहां जहां जितना उनका बस चला उन्होंने मौजूदा हुकूमत के

ख़िलाफ़ हथियार उठा लिया, इससे सर्फ़े नज़र करके कि अब दुनिया में अवाम इस काम के लिये **Authorised** ही नहीं हैं, और अब इस काम को किसी **Authorised group** यानी मुल्क की **Military** के ज़रिये से ही अंजाम दिया जा सकता है !

दरअसल यह ऐसा वही फ़र्क़ है जो एक हुकूमत अपने अंदरूनी मामलात में क़त्ल के मामले में एक **Authorised or Unauthorised** शख़्स के बारे करती है !

आज जब दुनिया में मुल्कों के आपसी मामलात के निज़ाआत को हल करने के लिए एक मुश्तरका इदारा **(U.N.O)** वुजूद में आ गया है, अब कोई मुल्क किसी दूसरे मुल्क पर हमला नहीं कर सकता और ना ही क़ब्ज़ा कर सकता है, इसके लिए हर मुल्क को उस इदारे से इजाज़त लेनी होगी, और उसे उस मुल्क के ख़िलाफ़ **Military action** लेने के लिए मंज़ूरी लेनी होगी वर्ना उस महकमे के बैनुल अक़वामी क़ानून की ख़िलाफ़वर्ज़ी करने की पादाश में उस इदारे को उस मुल्क पर भी फौजी कार्यवाही करने का हक़ होगा !

जिसके तहत आज दुनिया की **Super power** को भी किसी मुल्क के ख़िलाफ़ कोई एक़दाम करना होता है तो वह उस **Military action** को क़ानूनी तौर पर उसी महकमे से **Recognise** करवाता है और उसे कहना पड़ता है कि उसका उस मुल्क पर हमला करना उसपर क़ब्ज़ा करना नहीं है, बल्कि उसका यह एक़दाम उस मुल्क में वहाँ की अवाम के साथ होने वाले **Violation of human right** के ख़िलाफ़ जंग करके उसका मुकम्मल तौर पर ख़ात्मा करना है, और वह यह अमल एक **Authority** के तौर पर क़ानून के **Shelter** में रहकर करता है, जिसकी वजह से फिर उसके उस एक़दाम पर उसे कोई मलामत नहीं करता !

क़ुरआनी आयात की **Misinterpretation** की वजह से जो काम कोई हुकूमत बैनुलअक़्वामी इदारे से **Recognition** हासिल करके करता है, वही काम मुस्लिम अवाम ने जिहादी तंज़ीमे बनाकर जगह जगह करना शुरू कर दिया, अब क्योंकि अवाम एक **Unauthorised body** है और उसे अज़्ख़ुद कोई इंतेक़ाम लेने का

कोई क़ानूनी हक़ हासिल नहीं है, जिससे नतीजतन ऐसी जिहादी तंज़ीमों को दुनिया की सभी हुकूमतों ने **Terrorist organisation** क़रार दिया ! और उनके उस अमल को दहशतगर्दना अम्ल क़रार दिया गया ! नतीजतन इसका असर **Islam** पर भी पड़ा, क्योंकि वह सभी तंज़ीमें बहरहाल बनी तो **Islam** के नाम पर ही थीं, जिससे लामुहाला दुनिया **Islam** के नाम से ख़ौफ़ खाने लगी और दुनिया ने इस ख़ौफ़ को **Islamophobia** का नाम दिया, जिसे कि वक़्त बा वक़्त दुनिया में आम मुसलमानों के साथ होने वाले हादसात के तौर में देखा जा सकता है !

मज़ीद सितम यह हुआ कि वह तंज़ीमें,हुकूमते हक़ व हुकूमते बातिल या निज़ामे हक़ व निज़ामे बातिल के फ़र्क़ को जानने से भी क़ासिर थीं, उन्हें दुनिया के हर मुल्क का निज़ाम, निज़ामे बातिल नज़र आने लगा, खुसूसन उन मुमालिक का निज़ाम कि जिसका हाकिम ग़ैरमुस्लिम था, साथ ही वह उन्होंने उन मुस्लिम मुमालिक को भी बातिल क़रार दिया जहां नामनेहाद शरीयत का निज़ाम नाफ़िज़ नहीं था, जिसका अंजाम यह होआ कि वह सिरे से सभी मुल्कों के निज़ाम को निज़ामे बातिल समझने लगे और खुसूसन ग़ैर मुस्लिम हुकूमतों को अपना सबसे बड़ा दुश्मन समझने लगे और उन्हें उनकी तंज़ीमों के सरबराहों के ज़रिये यह तालीम दे जाने लगी कि वह हर बातिल निज़ाम (उनके तयी समझे जाने वाले) का ख़ात्मा करके उसकी जगह ख़िलाफ़त का निज़ाम क़ायम करें, क्योंकि उन्हें यही तालीम दी गई कि यह उनका दीनी फ़रीज़ह है और यही इन क़ुरआनी आयात (وَأَعِدُّوا لَهُم مَّا اسْتَطَعْتُم مِّن قُوَّةٍ وَمِن رِّبَاطِ الْخَيْلِ) का मतन है !

दरअसल यह नज़रयह इस्लामी इस्तेलाह " **निज़ामे हक़**" व "**निज़ामे बातिल**" की ग़लत तर्जुमानी से पैदा हुआ ! अब रहा मसला उनके मुल्कों में **Sharia law** के निफ़ाज का, तो यह उन तंज़ेमों का ग़ैर ज़रूरी मुतलबा था, इस्लामी बुद्धिजीवियों ने "**इस्लामी निज़ाम**" के उन तमाम बुनियादी उसूल वा क़वायद को जो तमाम नुए इंसानी के लिए रहमत थे, पशे पुश्त डाल कर उसकी वह ताबीर की कि जैसे "**इस्लामी निज़ाम**" का मक़सद बस ताज़ीराती क़वानीन का निफ़ाज़ है, जिसे तफ़सील के तौर पर आलमे अरब के बड़े आलिम "**अल्लामा यूसुफ़ अल**

क़र्ज़ावी" की किताब **"इस्लामी निज़ाम एक फ़रीज़ह एक ज़रूरत "** के इन इक़्तेसबात से जाना जा सकता हैं :-

"मदनी क़ानून सूद,क़मार,शराब नोशी और एहतेकार को हराम क़रार देता है, फ़ौजदारी क़ानून में उसका हुक्म यह है कि चोर के हाथ काट दिए जायें, ज़ानी को राजम किया जाये, शराब नोशी के मूर्तक़्ब को कोड़े लगाये जायें, क़ातिल से क़िसास लिया जाये, ज़ानी, तारके दिन से और इस्लामी जमात से खुरूज करने वाले को क़त्ल किया जाये"

"अगर अल्लाह की मुक़र्रर करदह हुरमात की तौहीन हो रही हो, हुक़ूक़ पामाल हो रहे हों और ज़मीन पर ज़ालिम, ज़ानी और शराबी दनदनाते फिर रहे हों, लिहाज़ा एक ऐसी क़ुव्वते क़ाहिरा नागुज़ीर है जो इर्तक़ाबे जुर्म के मुजरिमों को ऐसी इब्रतनाक सज़ा दे जो दूसरों के लिए सामाने इब्रत हो" ! (Page No- 107)

यानि ऐसा लगता है कि जैसे "इस्लामी निज़ाम" का काम तो बस शराबी और ज़ानी को सख़्त सज़ा देना, क़िसास लेना, चोर के हाथ काट देना और जो मज़हबे इस्लाम से फिर जाये उसे क़त्ल करना बस यही "इस्लामी निज़ाम" की मंज़िले मक़सूद है !

इसी नजरिये को मिसाल के तौर पर आलमी तंज़ीम "**हिज़्बुत्तहरीर**" की किताब के मुनदर्जा ज़ेल इक़्तेसाबात का मुताला करने से भी बाआसानी समझा जा सकता है !

"और जहाँ तक ऐसे दारुल इस्लाम का ताल्लुक़ है जिसमें अल्लाह के नाज़िल करदह अहकामात के मुताबिक़ निज़ाम चल रहा हो लेकिन उसका हकिम उठकर सरीह कुफ़्र का निज़ाम चलाने लगे, तो उसकी मुख़ालिफ़त करना मुसलमानों पर फ़र्ज़ है, वह उसका मुहासिबा करें ताकि वह इस्लाम की तरफ़ लौट आए, और अगर वह रुजूअ ना कर तो उसके ख़िलाफ़ असलहा उठाना फ़र्ज़ है" (Page No-13)

दरअसल जब क़ुरआनी आयात में हुक़ूमती निज़ाम के तयी बात की जा रही हो

तो इससे मुराद वह "**काफ़िर**" हाकिम हैं जो कि उस "**निज़ामे हक़**" से रोगरदानी करते हैं (जो कि सरासर इंसानी मफ़दात पर मबनी एक कामिल निज़ाम है), ना कि वह काफ़िर जो कि अल्लाह की उलूहियत व रसूल की रिसालत के मुनकिर होने की वजह से काफ़िर कहलाते हैं ! उनकी यह तहरीर मजमुई तौर पर मुसलमानों को "**कुफ्र का निज़ाम**" और "**इस्लाम का निज़ाम**" से बावर कराने में उन्हें गुमराह करती है !

हालाँकि लफ़्ज़े "**कुफ्र**" और "**इस्लाम**" दोनों ही क़ुरआने करीम की एक जामेअ इस्तेलाह है, जिसे कि क़ुरआन ने मौज़ू के ऐतबार से जहाँ जिस ज़िमेन में बात हो रही होती है उस ऐतबार से उनका इतलाक़ किया है यानि उसने उसके वह क़वानीन जो अवमुन्नास की फ़लाह वा बहबूद के लिये "**हुक़ूमती निज़ाम**" के उसूल के तहत नाज़िल फ़रमाए है उन्हें "**इस्लाम**" से और उस अम्र के तर्यी की जाने वाली बग़ावत को "**कुफ्र**" से ताबीर किया है, नाकि उसने "**सऊदी अरब**" जैसे मुल्क को "दारुल इस्लाम" (इसलिए कि वहाँ इस्लामी निज़ाम के नाम पर ताज़ीराती कवानींन नाफिज़ हैं) और जहाँ ताज़ीरत क़ायम ना हों उन्हें इस बुनियाद पर "**दारुल कुफ्र**" क़रार दिया है!

एक हदीस को भी इस मायने में नक़ल किया गया है कि जिससे यह साबित किया गया है कि किसी हाकिम का हक़ वा बातिल होना उसके "**नमाज**" क़ायम रखने पर मुंहसिर है !

"कहा गया है कि रसूल (सल्ल०) क्या हम उन्हें बाज़ोर शमशीर निकाल बाहर ना फेंकें? फ़रमाया:- नहीं जब तक वह तुम्हारे दरमियान "नमाज़" क़ायम करते रहें"

(हिज़बुत्तहरीर, Page No- 13)

हालाँकि इस हदीस में "सलात्" से मुराद "नमाज़" ना होकर सलात बामायने "निज़ामे हक़" के हैं, कि जब तक हाकिम तुम्हारे बीच अदल पर मबनी निज़ाम "निज़ामे सलात" पर क़ायम रहे !h

"कुफ्र" की तर्जुमानी:-

"और इस बात पर कि हम अहले अम्र के साथ झगड़ा नहीं करेंगे, जब तक कि वह सरीह कुफ्र का इर्तक़ाब ना करें"

(हिज़्बुत्तहरीर,Page No-13)

इस हदीस में बयानकरदह "कुफ्र के इर्तिक़ाब" से मुराद "निज़ामे हक़्" के बुनियादी उसूलों से बग़ावत कर बैठना है !

ज़ाहिर सी बात है कि अगर कोई हाकिम "निज़ामे हक़्" के बुनियादी उसूल कि जिसकी बुनियाद पर उस निज़ाम को "निज़ामे हक़्" क़रार दिया जाता है, उससे मुनहरिफ़ हो जाए तो लामुहाला उसके तयीं रहने वाली अवाम के बुनियादी इंसानी हुक़ूक़ सल्ब हो जायेंगे मिंजुमला वह हुकूमत ख़ुद ही **"Violation of human rights"** जैसे जुर्म का इर्तक़ाब कर बठेगी, तो ऐसी **Condition** में अवाम को यह हक़ हासिल है कि वह अपने हुक़ूक़ के लिए हुकूमत के ख़िलाफ़ उठ खड़ी हो, यानी ऐसी हुकूमत के ख़िलाफ़ वहाँ की अवाम को क़ानूनी दायरे में रहते हुए **Movement** चलाना **Agitation** करना या वह तमाम हरबे अपनाना जो मौजदा हुकूमत के तायीं अवाम को क़ानूनी तौर पर हासिल है जिसके ज़रिए हकीमे वक़्त को उन बुनियादी इंसानी हुक़ूक़ पर मुश्तमिल निज़ाम से रुजूअ करने को मजबूर कर दिया जाये, और अगर हाकिमे वक़्त जबरन "**कुफ्र**" करने यानि निज़ामे हक़् के बरअक्स "**Violation of human rights**" करने पर ही जमा रहे तो ऐसे हाकिम को निज़ामे हक़् का "काफ़िर" क़रार दिया जाएगा और उसके ख़िलाफ़ जबतक "**जिहाद**" (यानि उस दौर के मुल्की क़वानीन अवाम जो जिन ज़वाबित का हक़् अता करते हों उन ज़ाब्ताये क़वानीन की हुदूद की पाबंदी के साथ की जाने वाली जद्दोजहद) किया जाएगा जब तक वह अपने "**कुफ्र**" से रुजुअ ना कर ले !

इसके बरअक्स हमारी क़ुतुब में "**कुफ्र**" वा "**ईमान**" की सतही तर्जुमानी ने बिलउमूम अवाम के जहनों दिमाग़ में लफ़्ज़े "**काफ़िर**" से मुराद वही "**काफ़िर**"

ज़हन नशीन हो गए जो कि ख़ालिक़ की उलूहियत और उसके पैग़म्बर की रिसालत के मुनकिर हैं, जिसके तयीं उन्हें यही लगा कि हदीस के मुताबिक़ "**काफ़िर**" से मुराद ग़ैरमुस्लिम है और उसके ज़रिए क़ायम करदह निज़ाम को काफिराना निज़ाम कहते हैं जिसे कि "**निज़ामे हक़**" की हुदूद में क़तआन नहीं रक्खा जा सकता और उसके ख़िलाफ़ "**जिहादे बिल क़िताल**" करना, और उस निज़ाम को उखाड़ फेंकना हमारा दीनी फ़रीज़ह है !

अपनी तहरीओं में वह आगे लिखते हैं:-

"दूसरी जंगे अज़ीम के बाद ख़िलाफ़त के ख़ात्मे से लेकर अबतक हम इस्लामी रियासत और अल्लाह के निज़ाम के बग़ैर ज़िंदिगी गुज़ार रहे हैं, इसलिए ख़िलाफ़त को दोबारा क़ायम काम करना फ़र्ज़ है ! रसूल (सल्ल०) ने फरमाया " जो कोई इस हाल में मारा कि उसकी गर्दन में ख़लीफ़ा की बैत का तौक़ ना हो वह जिहालत की मौत मारा"

"खिलाफत को क़ायम करने से गफ़लत बरतना इस्लाम से गफ़लत बरतना है, चुनाँचा हिज़बुत्तहरीर उसी मकसद के लिए क़ायम हुई है" (हिज़बुत्तहरीर, Page No- 14)

"मुख़्तलिफ़ मुमलक़तों, उम्मतों वा अक़्वाम से ज़मामे इक़्देदार छीनकर एक ज़बरदस्त इस्लामी हुकूमत क़ायम की जाए, जैसे कि पहले क़ायम थी" (Page No- 16)

यह इक़्तेबास आलमी तंज़ीम "**हिज़बुत्तहरीर**" की किताब "**ख़िलाफ़त**" से नक़्ल की गई हैं जिसमें ख़िलाफ़त के क़याम के लिए मुसलमानों को दी गई मोहलत के तहत कुछ नसीहतें की गई हैं, जिन्हें पढ़कर कोई भी नौजवान यही समझेगा कि उसे दुनिया में जल्द अज़ जल्द ख़िलाफ़त को क़ायम करना चाहिए और इस काम (ख़िलाफ़त) में जो कोई भी इस राह का रोड़ा बने बस उसे क़त्ल कर डालो ! और अगर इसका कोई और मतलब भी निकलता हो तो कोई मुझे समझा दे !

आज दुनिया में ख़िलाफ़त के नाम से चलायी जाने जाने वाली तहरीकें चाहे वह ISIS हो या TTP, इसी फ़रसूदाह फ़लसफ़े पर अमलपैरा होती साफ़ दिखाई दे रही है"!

मुस्लिम तहरीकें अपनी तहरीरों में जो बयान करते है जरा उस नज़रिए तालीम को देखिये ! मिसाल के तौर पर **हिज़बुत्तहरीर** की इस तहरीर को पढ़िए :-

"रसूल (सल्ल०) ने मुसलमानों को काफ़िर रियासत से मदद हासिल करने से मना फ़रमा दिया, जबकि आप ने काफिरों की आग से रोशनी हासिल करने से मना फरमाया है" (P.No-78)

इन तहरीकों का हाल यह है कि अपनी तहरीरों के ज़रिए अवाम को कहीं हदीस के नाम पर तो कहीं क़ुरआनी आयात की ग़लत तर्जुमानी करके वह तालीम देते हैं जिससे भोली भाली अवाम में गैरमुस्लिमों के ख़िलाफ़ नफ़रत का माहौल बनता है फिर यही अमल फ़ितरी तौर पर दूसरों की तरफ़ से भी सरज़द होता है ! जिससे नतीजतन **Tit for tat** के इस अमल ने दुनिया से "मज़हबी" अमन की चादर समेट कर रख दी !

हालांकि सच्चाई यह है कि जब मुसलमानों पर मुसीबत आन पड़ती है तो उस वक्त उनको ऐसे अहादीस नज़र नहीं आती, अगर काफ़िर से मदद लेना जायज़ नहीं है तो फिर उनके मुल्कों में जाकर काम करना या उनसे **Refugee claim** करने में यह कलामे रसूल आड़े क्यों नहीं आता ?

और हक़ीक़त यह भी है कि ऐसी तहरीकें (हिज़बुत्तहरीर) ख़ुद अपना दफ़्तर भी मग़रिब के मुल्क (United Kingdom) में बनाती हैं, यानि किसी State में रहकर उसी State के ख़िलाफ़ तहरीक चलाना उन्हें State within the state जैसा जुर्म नज़र नहीं आता, जोकि ख़ुद इस्लामी उसूलों के मुताबिक़ जुर्म है !

हालाँकि ऐसी तहरीरों को नक़ल वाले ना जाने किस नशे में धुत्त रहते हैं, वह ना

तो यह सोचते हैं कि बहुत मुमकिन है कि जो हवाला वह नक़ल कर रहे हैं चाहे वह जिस भी किताब से नक़ल किया गया हो, बहुत मुमकिन है कि जो वाक़िया या रिवायत बयान की जा रही है वह सिरे से मुस्तनद ही ना हो, और अगर ऐसा है भी तब भी उस दौर के उन हालात के तहत लिए गए किसी भी फ़ैसले को बाऐनिही आज के हालात में (जो कि उस दौर में कुल्ली तौर पर मुख़्तलिफ़ हैं) उनका इतलाक़ करना और उसके तयीं अपने मंसूबे बनाना कम अज़ कम मेरे नज़दीक तो हद दर्जे की हिमाक़त और गुमराही है, और सही बात तो यह है कि क़ुरआने करीम की आयात हों या अहादीसे मुबारका, उसकी बिना मौक़ा महल का लिहाज़ करते हुए इस क़द्र नामाकूल तशरीह बयान की गई हैं जिसे पढ़कर ज़हीन अक़्ल ओ शऊर रखने वालों की भी अक़्लें मफ़लूज हो जाती हैं ! आज दुनिया देख रही है कि ऐसी फ़ुज़ूलियात भरी तहरीरों को पढ़ने, उसकी इशाअत करने और उसपर अमलपैरा होने का ख्वाब रखने वालों ने आज मुस्लिम दुनिया को इस्लाम के नाम से अबतक क्या दिया है, क्या खोया है और क्या पाया है !

ऐसी तहरीरें मुसलमानों में एक ख़ास तरीक़े की ग़लत फ़हमी पैदा करती है कि गोया मुसलमानों का ऐन मज़हबी फ़रीज़ा दुनिया की तमाम हुकूमतों से लड़ बैठना है, जहाँ भी जैसा मौक़ा मिले उस हुकूमत को उखाड़ फेंकना है, हालाँकि पिछले सफ़हात में इस बात को तफ़सीली बयान किया जा चुका है कि **"इस्लामी हुकूमत" का मतलब इंसान का इंसानों पर नाफ़िज किया जाने वाला वह हुकूमती निज़ाम जो ख़ालिक़े कायनात के नाज़िल करदह उन उसूलों पर मबनी हों जिन्हें उसने इंसानी मफ़दात की ख़ातिर उस "निज़ाम" के बुनियादी उसूल क़रार दिए हैं, जिसका कुल्ली तौर पर इंसानों के हुक़ूक़ से तुल्लुक़ है ना की उनके अपनाए गए "मज़हब" से !**

एक दूसरी जगह लिखते है:-

"इस्लामी मुमलक़त पर गलबा और असर रसुख़ रखने वाली काफ़िर इस्तेमारी हुकूमतों के साथ फ़िक्री कश्मकश वा इस्तेमार की हर शक्ल चाहे वह फ़िक्री, सियासी, इक़्तेसादी हो या अज़करी, के साथ जद्दो जहद करना" (हिज़बुत्तहरीर,

Page No- 25)

"लिहाज़ा इस्लाम तमाम मुसलमानों पर इस चीज़ को फ़र्ज़ क़रार देता है कि वह उन मुमालिक को **दारुल कुफ्र से दारुल इस्लाम** में तब्दील करें, यानि एक ऐसी इस्लामी रियासत क़ायम करें जो **ख़िलाफ़त** हो, वहाँ ख़लीफ़ा मुक़र्रर करें और उसके हाथ पर इस्लामी एहकामात को नाफ़िज करने की शर्त पर बैत करें, फिर ख़िलाफ़त के साथ मिलकर बाक़ी मुमालिक को ख़िलाफ़त में ज़ाअम करने के लिए काम करें"

"जिहाद कहते है अल्लाह के क़ालिमे को बुलंद करने के लिए उसके रास्ते में क़िताल करना, इस्तरह जिहाद की बराहेरास्त दावत देना या दावत में मदद करना"

"पस अल्लाह के कालिमे को सर्बुलन्द करने और इस्लाम को फैलाने के लिए लड़ना (क़िताल करना) जिहाद है" (हिज़बुत्तहरीर, Page No-72-73)

एक दूसरी जगह अपनी किताब "**खिलाफत**" में फ़रमाते हैं कि :-

जैसे ही किसी मुल्क में खिलाफत क़ायम हो जाए और ख़लीफ़ा के साथ ख़िलाफ़त का मुहायदा हो जाये तो फिर तमाम मुसलमानों पर उस खिलाफत के झंडे तले जमा होना और उस ख़लीफ़ा की बैत करना फ़र्ज़ है, अगर वह ऐसा ना करें तो वह अल्लाह के नज़दीक गुनहगार ठहरेंगे"

"और अगर लोग उसकी बैत ना करें तो उनपर बाग़ी के हुक्म का इतलाक़ होगा और ख़लीफ़ा पर फ़र्ज़ होगा कि वह उनसे उस वक़्त तक क़िताल करे जब तक कि वह उसकी इताअत पर राज़ी नहीं हो जाते" (P.No- 18)

यही वह अक़ायद हैं जिसने दुनिया भर के बासलाहियत नवजवान लड़के लड़कियों को "ISIS" जैसी तहरीक में भर्ती होने पर मजबूर कर दिया !

यह इक़्तेसबात मुसलमानों को किस रुख़ की तरफ़ ले जा रहे हैं यह हर

साहिबे फ़हम बखूबी समझने की क़ुदरत रखता है और यह भी समझ सकता है कि इसका अंजाम ख़ुद मुसलमानों के लिए या फिर तमाम इंसानों के लिए मुसबत होगा या मनफ़ी !

हालाँकि यह वह नज़रिया है जिसे ख़ुद "**इस्लाम**" किसी भी हाल में **Recognise**" नहीं करता, यानि इस्लामी सल्तनत में अगर कोई गिरोह **State with in the state** की आवाज़ बुलंद करे या ऐसा कोई अमल करे, तो "**इस्लामी निज़ाम**" में ऐसे अमल की सज़ा सजाये मौत है यो यही बात ख़ुद मुसलमानों को क्यों नहीं समझ में आती कि इस उसूल के मुताबिक़ उन्हें क्या हक़ बनता है वह किसी मुल्क़ी निज़ाम में रहते हुए वहाँ उस निज़ाम के ख़िलाफ़ कोई तहरीक चलायें ? जिस जुर्म की सज़ा इस्लामी सल्तनत में सज़ा ए मौत है तो इसी जुर्म की पादाश में अगर मुसलमानों के ख़िलाफ़ मौजूदा हुकूमत कोई **Action** लेती है तो फिर किस बात की हाय तौबा ?

आज दुनिया में इसी नज़रिये ने "**खिलाफ़त**" के नाम से चलायी जाने वाली तंज़ीमों (**ISIS, TTP** जैसी तहरीक) को दूसरों पर ज़ुल्म करने हत्ता कि एक दूसरे के ख़ून तक को अपने ऊपर मुबाह कर लेने का मुकम्मल जवाज़ अता कर दिया, जिसने दुनिया को क़त्ल ओ ग़ारत के सिवा कुछ ना दिया, और जो कुछ दिया भी है उसे आज दुनिया में "**Lethal Islam**" के नाम से जाना जाता है, और मज़ीद सितम यह कि यह सब कुछ किया ख़ुद मुसलमानों ने ही है, और इल्ज़ाम दूसरी क़ौमों पर है कि लोग इस्लाम से अदावत रखते हैं और उसे मिटा देने के दरपे हैं!

दरअसल यही वह नज़रिया है जिसने हमारी नवजवान नस्ल को हुकूमते वक़्त से जहाँ देखो वहाँ मुसल्लह तौर पर भिड़ा रक्खा है, जिसके नतीजे में पूरी क़ौमे मुसलमाँ को दुनिया में "**Terrorist**" क़ौम के तौर पर जाना जाने लगा यह सब कुछ इसीसलिये हुआ कि जो काम किसी मुल्क के करने का था उसे ज़ाती तौर पर अवमुन्नास के ज़रिए अंजाम दिया जाने लगा, और अगर यह मान भी लिया जाए कि उन्होंने वह अपने हुक़ूक़ की ख़ातिर हथियार उठा रक्खा है तो भी यह बात जान लेनी चाहिए कि अब इस काम के लिए अवाम को कोई हक़ सिरे से हासिल ही नहीं

है, इसलिए उन्हें कोई हुकूमत ही क्या अवाम भी "**Terrorist**" ही कहेगी!

माज़ी ए क़दीम में जब दुनिया में ज़ुल्म व बरबरियत का निज़ाम क़ायम था तो इस्लाम ने अवाम पर हुकूमत करने उसूल नाज़िल फ़रमाकर उसे एक **सालेह निज़ाम** के तहत क़ायम करने का हुक्म दिया जिसकी तारीफ़ यह थी कि यह निज़ामे हुकूमत हर उस हुकूमती निज़ाम के मुख़ालिफ़ है जो अपनी अवाम के बुनियादी इंसानी हुक़ूक़ को सल्ब करती हो ! ऐसे **सालेह निज़ाम** को **इस्लामी निज़ाम** कहा गया यानि उस निज़ामे हुकूमत का बुनियादी फ़रीज़ह यह था कि वह दुनिया की उन तमाम बातिल हुकूमतें जो अपने मुल्क में अवाम के साथ **violation of human right** जैसे अज़ीम जुर्म का इर्तिकाब करती हों, उन्हे ताक़त से मजबूर कर दे कि वह अपने हुकूमती निज़ाम को हुकूमत करने के उन्हीं चार बुनियादी उमूर पर **Establish** करें (जिन्हें तफ़सील के साथ पिछले सफ़हत में बयान किया जा चौका है) वर्ना उनके ख़िलाफ़ **Military action** लिया जाएगा और उन्हें मजबूर किया जाएगा कि उन्हें अपने निज़ामे हुकूमत में हर उस अम्र से इज़्तेनाब करना होगा जिससे कि उस **State** में रहने बसने वाली अवाम के बुनियादी इंसानी हुक़ूक सल्ब होते हों !

इसी निज़ामे हक़ को "**इस्लामी निज़ाम**" का नाम दिया गया, और उसके ज़रिए क़ायम करदह **State** को **Islamic state** क़रार दिया गया, और ऐसी ही **State** को दुनिया में क़ायम करने का अल्लाह ने ईमान वालों को हुक्म दिया था !

लेकिन बदक़िस्मती से दौर ए हाज़िर में **Islamic state** के नाम पर चलायी जाने वाली तमाम तंज़ीमें वा तहरीकें, इस्लामी सल्तनत की वह उन चार बुयादी उमूर से कुल्ली तौर पर मुनहरिफ़ हो चुकी हैं, और उनका मक़सद उन उमूर को कि जिनका ताल्लुक़ इंसान के बुनियादी इंसानी हुक़ूक़ से है, उन्हें **Primary stage** पर उस निज़ाम के तहत अव्वलीन फ़रीज़ह के तौर पर नाफ़िज करना कतअन नहीं रह गया बल्कि उनके ज़हन व दिमाग़ में इन बुनियादी उमूर का तसव्वुर **Secondary** हो गया और उनकी जगह उन उमूर ने ले लीं जो कि सालेह निज़ाम में **State concern** ना होकर तालीम, तरबियत व तारग़ीब का **Subject** थीं ! यानी वह उमूर जिन्हें कोई **State** अपनी अवाम पर ताक़त से **Impose** कर ही नहीं सकती, मिसाल के

तौर पर अगर कोई हुकूमत यह चाहती है कि उसकी अवाम **Modesty** को क़ुबूल करे और उसके एवेज़ में वह **modest dress** को अपना कर समाज में **Modesty** का सुबूत पेश करे तो इसके लिए अगर कोई हुकूमत इस पर क़ानून बना देती है कि अगर **Society** में कहें भी कोई **Immodest dress** में पाया जाएगा तो उसपर क़ानून की फ़लाँ धारा के तहत **Charges frame** किए जाएँगे और उस पर क़ानूनी कार्यवाही की जाएगी, तो ऐसा क़ानूनी अमल करना हुकूमत के ज़रिये अवाम पर किया गया एक बड़ा ज़ुल्म होगा, क्योंकि यह इंसानों पर हुकूमत करने के फ़ितरी उसूल के सरासर बरख़िलाफ़ है, और ऐसा इसलिए होगा कि ऐसे तमाम क़वानीन को किसी भी हुकूमती निज़ाम में **Directly to state concern** का दर्जा यानी **Criminal offence against the state laws** के दायरे में क़तअन नहीं रखा जा सकता !

लेकिन फ़ुक़हा के ज़रिए मुरत्तब की गई **Outdated Jurisprudence** और मुफ़स्सिरीन की फ़रसूदह क़ुरआनी तफ़ासीर के ग़ुलाम उलामा ने उम्मतें मुस्लिम में क़ुरआनी हुक्म कि "**निज़ामे हक़ को क़ायम करो**" की ग़लत तर्जुमानी की, जिससे "**इस्लामी निज़ाम**" के क़याम की असल वजह का सिरे से जनाज़ह ही निकल गया, और उसकी जगह उनमे चंद मज़हबी **Traditions, Rituals** और **Cult** ने ले लीं जिससे उनके ज़हनो दिमाग़ में निज़ामे हक़ के बुनियादी उसूलों का तसव्वुर दूर दूर तक बाक़ी ना रहा और वह रोटी कपड़ा मकान जैसी बुनियादी इंसानी ज़रूरियात से सर्फ़े नज़र करते होए मज़हबी **Traditions** दाढ़ी रखना, बुर्क़ा पहनना और म्यूज़िक को हराम क़रार देने जैसे फ़ुज़ूल क़वानीन को नफिज़ करना या फिर इस्लामी निज़ाम को बस सख़्त ताज़ीराती क़वानीन के निफ़ाज़ का असल मकसद क़रार दिया जाने लगा, जिससे फिर बिलउमूम अवाम भी ऐसे ही तमाम उमूर को नाफिज़ करने को ही **Islamic state** का मतन समझने लगी !

फिर इसी नज़रिये को हमारे उलमा ने अपनी तहरीरों के ज़रिए और भी मज़बूत कर दिया, जिसे कि यहाँ मिसाल के तौर पर "**इमाम ख़ुमैनी**" साहब की किताब "**हुकूमते इस्लामी**" में "**तशकीले हुकूमत की ज़रूरत**" के तहत देखा जा सकता

है जो इस तरह हैं :-

"हुकूमते इस्लामी का वुजूद हो जाए, अपने ज़माने में हुज़ूर (सल्ल०) बयान क़ानून के साथ उसपर अमल भी किया, मसलन चोर के हाथ काटते थे, हद जारी फ़रमाते थे, रज़्म फ़रमाते थे, आपके (नबी) बाद ख़लीफ़ा का भी यही फ़र्ज़ है" (हुकूमते इस्लामी Page No- 15)

हालाँकि इस्लाम का हुकूमत क़ायम करने का हक़ीक़ी मक़सद दुनिया में कुल्ली तौर पर Human Right का establishment है !

इसी के साथ जब मुफ़स्सिरीन के क़ुरआन में वारिद मुताअद्दीद मुक़मात पर बयान करदह लफ़्ज़ "**सलात**" का हर मुक़ाम पर ख़ालिस तर्जुमा "**नमाज़**" कर दिया जिससे "**सलात**" के क़ायम का हक़ीक़ी मकसद ही फ़ौत हो गया और वह सिमटकर "**नमाज़**" तक महदूद हो गया, जिससे कि "**सालात**" को क़ायम करने वाली तमाम आयात ने अपने मतन को ही खो दिया, इस बात से सर्फ़ेनज़र करते हुए क़ुरआनी आयात में जहां अल्लाह ने इंसान को "**तमक्कुन**" हासिल होने वाली "**सलात्**"का ज़िक्र किया है वह आख़िर कौन सी "**सलात्**" है कि जिसे क़ायम करने के लिए इंसान को "**तमक्कुन**" की ज़रूरत है, हालाँकि "**नमाज़**" तो इंसान वहाँ भी क़ायम कर सकता है और कर भी रहा है जहाँ उसकी तादाद उस मुल्क में तक़रीबन ना के बराबर है, यानि लफ़्ज़े "**सलात**" से मुराद अगर हर जगह "**नमाज़**" ही है तो आख़िर यह कौन सी "**नमाज़**" है कि जिसे क़ायम करने के लिए **ताक़त** व **इक़्तेदार** की ज़रूरत है ! अल्लाह फ़रमाता है :-

الَّذِينَ إِن مَّكَّنَّاهُمْ فِي الْأَرْضِ أَقَامُوا الصَّلَاةَ وَآتَوُا الزَّكَاةَ وَأَمَرُوا بِالْمَعْرُوفِ وَنَهَوْا عَنِ الْمُنكَرِ ۗ وَلِلَّهِ عَاقِبَةُ الْأُمُورِ"

यह आख़िर यह कौन सी **सलात्** है कि जिसे क़ायम करने के लिए ताक़त व इक़्तेदार चाहिए ? क्या इससे यह इंकेशाफ़ नहीं होता है कि क़ुरआन की इन आयात में लफ़्ज़े "**सलात**" का मायना हर जगह बामायना "**नमाज़**" तो कतअन नहीं हो

सकता, क्योंकि नमाज़ को तो ईमान वाले मग़लूबियत के दौर में भी बाआसानी क़ायम कर सकते हैं और उन्हें हर हुकूमत में "**नमाज़**" क़ायम करने की इजाज़त बाक़ायदा हासिल होती है, इससे यह साफ़ ज़ाहिर होता है कि मज़कूराबाला आयात में जिस "**तमक्कुन**" हासिल होने के बाद क़ायम की जाने वाली "**सलात**" का ज़िक्र है वह "**सलात्**" बामायना "**नमाज़**" तो कतआन नहीं हो सकती !

मुस्लिम शरीफ़ की इस हदीस पर ग़ौर कीजिए कि क्या यहाँ लफ़्ज़े "**सलात**" से मुराद "**नमाज़**" लिया जा सकता है ?

"क्या उन्हें बाज़ोर शमशीर निकल बाहर ना फेंकें? रसूल (सल्ल०) ने फरमायाः- नहीं जब तक कि वह तुम्हारे दरमियान "**नमाज़**" क़ायम करते रहें" (हिज़बुत्तहरीर,P.No- 13)

गौर करने की बात यह है कि क्या किसी हाकिम के "**नमाज़**" क़ायम करने से अवाम के हुक़ूक़ अदा हो जाते हैं ? या किसी हाकिम के नमाज़ क़ायम करने से या ज़ाती तौर पर उस निज़ाम को क़ायम करने वाला हाकिम "**नमाज़ी**" हो तो क्या उसके ज़रिए क़ायमकरदह निज़ाम को "**निज़ामे अदल**" क़रार दिया जा सकता है ? हालाँकि उसने जो निज़ाम क़ायम कर रक्खा है उस निज़ाम ने अपनी अवाम पर ज़ुल्म का बाज़ार गर्म कर रक्खा है लेकिन क्योंकि वह हाकिम **नमाज़ी** है और उसने "**नमाज़**" को क़ानूनी तौर पर अपनी अवाम पर क़ायम करने की सई कर रख्खी है इसलिए ऐसे हकीम को "**आदिल हाकिम**" क़रार दिया जाएगा, ग़ौर कीजिए यह कौन सी अक़्लमंदी का क़ानून है जिसने "**हुक़ूक़ुल्लाह**" को "**हुक़ूक़ुलएबाद**" पर तरजीह दे रख्खी है?

दरअसल मज़कूराबाला हदीसे मुबारका में लफ़्ज़े "**सलात**" से मुराद "**नमाज़**" क़तआन नहीं है ! यहाँ "**सलात**" से मुराद आदिलाना निज़ाम यानि "**निज़ामे सलात**" है ! आप (सल्ल०) का अपने असहाब को यह नसीहत करना कि तुम उस हाकिम के ख़िलाफ़ तब तक शमशीर नहीं निकाल सकते यानि तब तक ऐसे हाकिम के ख़िलाफ़ कोई **movement** या **agitation** नहीं चला सकते जब तक कि वह

तुमहरे बीच "**अदल का निज़ाम**" (निज़ामे सलात) क़ायम रखखे !

आप (सल्ल०) ने अपने असहाब के ज़रिए हमे यह सिखाया है कि किसी हाकिम का ज़ाती तौर पर नेक ना होना अलग बात है और उसके ज़रिए क़ायमकरदाह "**निज़ाम**" का बरहक़ होना अलग बात है ! यानि किसी हाकिम में ज़ाती तौर पर भले हो कोई बुराई पायी जाती हो लेकिन उसने अपने तयीं जो निज़ाम क़ायम किया हुआ है अगर वह अवमुन्नास के बीच अदल वा इंसाफ़ क़ायम करने वाला, तमाम इंसानो को उनके बुनियादी इंसानी हुक़ूक़ से अरस्ता कर देने वाला निज़ाम हो, तो ऐसे मामले में उस "**हाकिम**" की इताअत अवाम पर वाजिब है !

दरअसल ख़ालिक़ के ज़रे नज़र इंसानों की फ़लाब व बहबूद है नाकि इस बात से कि वह इंसान (हाकिम) ज़ाती तौर पर "**हुकूकुल्लाह**" का कितना पाबंद है, इसलिए हमे इस हदीस के ज़रिए यह तालीम दी जा रही है कि किसी हाकिम का हक़ पर होना इस बात की दलील है कि जब उसने अवाम के बीच "**निज़ामे सलात**" क़ायम कर रक्खा हो !

क़ुरआने करीम की इस आयत पर भी ग़ौर कीजिए:-

"وَأَقِيمُوا الصَّلَاةَ وَآتُوا الزَّكَاةَ وَارْكَعُوا مَعَ الرَّاكِعِينَ"

(सलात क़ायम करो वा ज़कात अदा करो, और रुकुअ करने वालों के साथ रुकुअ करो) (सूरह अल-बक़राह (2:43)

यहाँ "**रूकूअ**" करने वालों के साथ रूकूअ करो" से मुराद क्या वही **रूकूअ** है जोकि "**नमाज़**" का एक रूकन है?

اِنَّمَا وَلِيُّكُمُ اللّٰهُ وَ رَسُوْلُهٗ وَ الَّذِيْنَ اٰمَنُوا الَّذِيْنَ يُقِيْمُوْنَ الصَّلٰوةَ وَ يُؤْتُوْنَ الزَّكٰوةَ وَ ہُمْ رٰكِعُوْنَ)

तुम्हारे रफ़ीक तो हक़ीक़त में सिर्फ़ अल्लाह और अल्लाह के रसूल और वे

अहल-ए-ईमान हैं जो नमाज़ क़ायम करते हैं, ज़कात देते हैं और अल्लाह केआगे झुकने वाले हैं। (अल मायदा :55)

हमारे मुफ़स्सिरीन ने तो इस रूकूअ को नमाज़ में किए जाने वाले रूकूअ के मायनो में ही लिया है, क्योंकि उनके पास इसके अलावा कोई रास्ता भी तो नहीं है इसलिए कि उनके नज़दीक़ "**सलात**" सिर्फ़ बामायना "**नमाज़**" ही है !

हालाँकि "**नमाज़**" की अदायगी करने में **रूकूअ**" करना जैसा अमल उसकी फ़र्ज़ियात में से है यानि जो शख़्स भी "**नमाज़**" की अदायगी कर रहा होगा लामुहाला वह रुकुअ कर ही रहा होगा तो फिर अलग से रूकूअ करने के हुक्म का क्या मतलब बनता है ? यानि जब एक इंसान नमाज़ अदा कर रहा होगा तो वह रूकूअ के बग़ैर तो नहीं पढ़ रहा होगा ?

इसी बात को फिर कहीं ना कहीं से हमारे मुफ़स्सिरीन को साबित तो करना ही था तो फिर उन्होंने मनघड़ंत क़िस्से कहानियों का सहारा लेकर यह साबित कर दिया कि क्योंकि साबिका किताब पर ईमान रखने जब ईमान में दाख़िल हो गए तो वह अपनी नमाज़ों में रूकूअ नहीं किया करते थे इसलिए उन्हें **Target** करके यह कहा जा रहा है कि रूकूअ करने वालों के साथ तुम भी रूकूअ करो !

हालाँकि यह एक बेबुनियाद बात है, कुरआन एक अफ़ाक़ी कलाम है वह किसी ख़ास क़ौम या किसी के ज़रिए किए जाने वाले किसी छोटे मोटे अमल के बारे में "**वही**" नाज़िल करे, **यह बात क़ुरआन की अफ़ाक़ियत पर सवाल खड़ा करती हैं !**

दरअसल हक़ीक़त येहै कि लफ़्ज़े "**सलात**" से मुराद "**निज़ाम**" है, और यहाँ लोगों को इस बात का हुक्म दिया जा रहा है कि जब "**निज़ामे सलात**" क़ायम हो जाए तो तुमपर वाजिब है कि तुम उसकी इत्तेबा करो "**रुकूअ करने वालों के साथ "रुकूअ" करो यानि इत्तेबा करने वालों** (उस निज़ाम के क़वानीन के आगे झुक जाओ जो कि इंसानी फ़लाह वा बहबूद के लिए ख़ास है) **के साथ तुम सभी इत्तेबा**

करो !

लफ़्ज़े **सलात** अपने वासीअ मायनों में एक "**सालेह निज़ाम**" या "**निज़ामे हक़**" को सिमोये होए है, क़ुरआन ने फरमाया:-

" أَقِيمُوا الصَّلَاةَ وَآتُوا الزَّكَاةَ "

(नमाज़ क़ायम करो और ज़कात अदा करो)

यह अल्फ़ाज़ क़ुरआन में मुताअददिद मुक़ामात पर आये हैं जिसमें लफ़्ज़े "**सलात**" को हर जगह "**ज़कात**" के साथ साथ इसीलिए बयान किया गया है कि सलात (**निज़ामे हक़**) को बग़ैर ज़कात (**Taxes**) के क़ायम किया ही नहीं जा सकता, वरना "**بني الإسلام على خمس**" के तहत देखा जाए तो जिस तरह क़ुरआन का अंदाज़ है कि वह कहीं "**وَلَوْ كَرِهَ الْكَافِرُونَ**" कहता है तो कहीं "**وَلَوْ كَرِهَ الْمُشْرِكُونَ**" कहता है, इसी तरह और भी मिसालें क़ुरआन में मौजूद हैं कि वह अलग अलग आयात में अलग अलग इस्तेलाह को जोड़कर अपनी बात मुकम्मल कर देता है, लेकिन यहाँ हम देखते है कि क़ुरआन ने "**بني الإسلام على خمس**" के तहत बयान किए जाने वाले बकिया फरीज़ों को यानि "**ज़कात**" को छोड़कर (हज्ज व रोज़ा) किसी भी जगह "**सलात्**" के साथ जोड़कर कहीं भी बयान नहीं किया है ! हर मुक़ाम पर "**सलात** के साथ "**ज़कात**" को ही बयान किया गया है !

ऐसा इसीलिए है कि दुनिया में किसी भी **State** का कोई निज़ाम बग़ैर **Revenue** के चल ही नहीं सकता ! इसलिए क़ुरआन ने जहां जहां सलात (**निज़ामे हक़**) को क़ायम करने हुक्म दिया वहाँ **सलात** के बिलकुल साथ हर जगह **ज़कात** (**Taxes towards the state**) का भी हुक्म दिया है !

क़ुरआनी आयात में बयानकरदह लफ़्ज़ "सलात" से मुराद हर जगह "नमाज़" है ही नहीं !

लेकिन जब मुफ़स्सिरीन ने लफ़्ज़ "**सलात**" से मुराद हर जगह "**नमाज़**" ले लिया तो लामुहाला क़ुरआन ने जहाँ "**सलात क़ायम करो**" का हुक्म दिया है वहाँ "**नमाज़** क़ायम करो मुराद ले लिया गया, जिससे फिर क़ुरआन का तमक्क़ुन हासिल हो जाने के बाद क़ायम की जाने वाली **सलात** बमायने **नमाज़** का क़याम ही हुक्म के दर्जे में ले लिया गया, कि जब कभी तुम्हें ऐसी **State** पर अगर इक़्तेदार हासिल हो जाए तो "**नमाज़ क़ायम करो**" का हुक्म **Islamic state** बन जाने के बाद वहाँ रहने वाले मुसलमानों से **नमाज़** क़ायम कराना **State** की क़ानूनी ज़िम्मेदारी होगी, और ऐसी **State** में **नमाज़** अदा ना करना मुल्क के क़ानून की ख़िलाफ़वर्ज़ी माना जाएगा और इसके लिए हुकूमत उस पर सज़ा मुसल्लत करने की मुस्तेहक़ होगी, यानि किसी शख़्स का नमाज़ अदा ना करना **Crime against the state** माना जाएगा !

दरअसल यह नज़रिया हदीस में वारिद लफ़्ज़े "सलात" की ग़लत तर्जुमानी से पैदा हुआ है !

इसी तरह बहुत से दूसरे फुरुई मसाइल ने भी वाजीबात का दर्जा हासिल कर लिया, गोया इस्लाम का मक़सद ही बस लोगों को दाढ़ी रखने वाला नमाज़ी, औरतों को सर से पैर तक काले बुर्क़े में क़ैद कर देना है !

यहाँ मिसाल के तौर पर आलमी तंज़ीम "**हिज़बुत्तहरीर**" के कुछ इक़्तेसबात नक़्ल किए जा रहे हैं :-

"सरमायादाराना निज़ाम के अफ़क़ार की बुनियाद यह है कि आज़ादियों की हिफ़ाज़त की जाए, और यह आज़ादियाँ अक़ीदे की आज़ादी, राये की आज़ादी, मिल्कियत की आज़ादी और शख़्सी आज़ादी पर मुशतमिल हैं "!

"यह चारों आज़ादियाँ इस्लाम से मुत्सादिम हैं, क्योंकि एक मुसलमान अक़ीदे के लिहाज़ से आज़ाद नहीं है यानि अगर वह मुर्तद हो जाए तो उसे क़ैद किया जाएगा, अगर तौबा ना करे तो फिर उसे क़त्ल किया जाएगा" ! (हिज़बुत्तहरीर P No - 39)

इस ज़ेमिन में वह एक हदीस **Quote** करते है कि रसूल (सल्ल०) ने फरमाया:-

"जो अपना दीन बदल दे उसे क़त्ल कर दो" (बुखारी)

फिर लिखते हैं कि " इसी तरह मुसलमान को राये की भी आज़ादी नहीं है, इस्लामी राये की उसकी राये होगी" !

"शख़्सी आज़ादी का भी इस्लाम में कोई वुजूद नहीं है, कोई भी मुसलमान शख़्सी तौर पर आज़ाद नहीं है, बल्कि वह शरीयत का पाबंद है, लहज़ा अगर कोई "नमाज़" ना पढ़े, या रोज़ा ना रख्खे, या नशा करे या ज़िना का इर्तक़ाब करे तो उसे सज़ा दी जाएगी ! इसी तरह कोई औरत बगैर पर्दे के बाहर निकले तो सज़ा होगी" ! (Page No-39)

यह तमाम बातें जिन्हे कि "इस्लामी निज़ाम" के उसूल के तौर पर बयान किया गया है, मेरे नज़दीक इसमें ज़िना बिल जब्र (Rape) के अलावा सब की सब फ़ुज़ूलियात हैं, जिन्हे कि "इस्लामी निज़ाम" के क़याम का असल मकसद क़रार दे दिया गया है !

Saudi Arabia और मौजूदा Afghanistan की Taliban सरकार इसकी ज़िंदा मिसाल है

हालाँकि हक़ीक़ी और फ़ितरी बात यह है कि किसी मुसलमान को ताक़त के ज़रिये ना जबरन नमाज़ पढ़वाया जा सकता है और ना ही रोज़ा रखने पर मजबूर किया जा सकता है अवाम को ऐसे क़वानीन का पाबंद हमेशा **Moral teachings** के ज़रिये ज़ेहन साज़ी करके ही बनाया जा सकता है ऐसे तमाम मसलों में कोई भी क़ानून, हुकूमत अपनी अवाम पर **Forcibly impose** किसी भी हाल में नहीं कर सकती, और जब कभी भी ऐसी ग़लती की जाएगी तो दुनिया उससे बरामद होने वाले नतायज को देख लेगी, उससे बरामद होने वाले नतायज में से एक खौफ़नाक नतीजा यह भी होगा कि ख़ुद मुसलमान क़ौम ऐसी **इस्लामी हुकूमत** (नाम नेहाद) के ख़िलाफ़ बग़ावत का अलम बुलंद कर देगी, जिसकी मिसाल आज दुनिया में

मुसलमानों के बीच होने वाली ख़ाना जंगी, आपसी क़त्ले आम और ख़ुद मुसलमानों में शरई क़वानीन से बदज़नी के तौर पर खुली आँखों से देखी जा सकती हैं, जिससे इस्लाम अपने खाते में अलावा बदनामी के कुछ भी हासिल ना कर सका !

फ़ुक़हा (**Jurist**) की मुरत्तब करदह उस **Outdated jurisprudence** की वजह से **"इस्लामी निज़ाम"** के क़याम के नाम से चलाई जाने वाली तंज़िमों व तहरीकों में फ़रसूदह **Sharia law** को नाफ़िज़ करने का इस क़द्र जुनून सवार हो गया कि उन्हें जहां भी मौक़ा मयास्सर होआ हत्ता कि उन्होंने अपने ही मुल्क की सरकार को जान माल का नुक़सान पहुँचाना अपना दीनी फ़रीज़ह समझ कर शुरू कर दिया !

इस क़त्ल ओ ग़ारत का सबब वही मुहर्रिकात थे जिन्हें यह ग़कतफ़हमी लाहक हो गई कि **Islamic state** का मक़सद तो बस इसी फ़रसूदह **"Sharia law"** को नाफ़िज करना है !

पाकिस्तान में चलायी जाने वाली तहरीक **"तहरीके तल्बा पाकिस्तान (TTP)"** इसकी ज़िंदा मिसाल है !

शरई क़वानीन

शरई क़वानीन का मतलब क़ुरआनी एहकाम, या वह क़वानीन जिन्हें कि क़ुरआन और सुन्नत से मुस्तम्बत किया गया हो, इन दोनों तरह के एहकमात के मजमुए को शरई क़वानीन कहा जाता है ! पर बदक़िस्मती से दौरे हाज़िर में शरई क़वानीन के नाम पर इस्लाम में ऐसे क़वानीन दाख़िल कर लिए गये जिन्हें कि हतमी तौर पर इंसानों पर क़तआन **impose** नहीं किए जा सकता , और फिर सितम यह भी कि ऐसे क़वानीन को ही **"इस्लामी निज़ाम"** का बुनियादी उसूल बना दिया गया, नतीजतन ग़ैर मुस्लिम तो दूर, ख़ुद मुसलमान के **"इस्लामी निज़ाम"** नाम से खौफ़ खाने लगा, जिसकी वजह से **"इस्लामी निज़ाम"** के नाम से चलायी जाने वाली दुनिया की तमाम तहरीकों पर ग़ैर मुस्लिम मुल्कों की बात ही क्या ख़ुद मुस्लिम मुल्कों ने अपने यहाँ उनकी तमाम कारकरदिगी पर मुकम्मल **Ban** लगा रखा है !

यह सब कुछ सिर्फ़ इसलिए हो गया क्योंकि मुसलमानों में लफ़्ज़े **"ख़िलाफ़त"** एक इस्तेलाह बन कर रह गई है, उसकी रूह बाक़ी नहीं रही, वह किन उसूलों पर क़ायम होती है और उसका हाक़ीक़ी मक़सद क्या है ? और आख़िर इसकी समाज में ज़रूरत क्या है, इसके क़ायम करने का मक़सद क्या है ? और आख़िर क्यों क़ुरआन ने दीन को क़ायम करने का हुक्म दिया है ? इन तमाम उमूर पर ग़ौर करने के बजाए लफ़्ज़े **"ख़िलाफ़त"** दीन की जगह एक **मज़हबी इस्तेलाह** बनकर रह गई और जिसका मक़सद दुनिया में नाम नेहाद **Sharia Law** को नाफिज़ करना बनकर रह गया, और वह उसूल जो कि एक **Islamic state** के बुनियादी सुतून हैं जिसके बग़ैर एक इस्लामी निज़ाम का तसव्वुर ही नहीं किया जा सकता, वह सब पसेपुश्त चले गए, और सितम यह भी कि जब हमारी फ़िकह की तमाम किताबें **(Outdated jurisprudence)** ख़ुद अपनी असल पर बाक़ी नहीं रही और अगर होती भी, तब भी **शरई क़वानीन** का ताल्लुक़ **"इस्लामी निज़ाम"** में भी सिर्फ़ मुसलमानों से है यानी यह वह **इस्लामी निज़ाम"** में **Muslim Personal Law** की हैसियत रखता है, और क्योंक **State** में मुसलमानों के अलावा दूसरे मज़ाहिब के लोग भी रहते हैं और उनपर शरई कवानीन का इतलाक़ होता ही नहीं है उसका ताल्लुक़ तो

सिर्फ़ मुसलमानों से है और किसी भी हुकूमती निज़ाम का ताल्लुक़ उसके तयीं रहने वाली तमाम अवाम से होता है तो लामुहाला शरई क़वानीन **Basic rules of the state** तो क़तई नहीं हो सकता, क्योकि **State** तमाम इंसानों की होती है, नाकि सिर्फ़ मुसलमानों की, इसलिए किसी भी **State** का बुनियादी मक़सद वह मज़हबी उमूर जो किसी तबक़े के लिए ख़ास हों, हो ही नहीं सकता !

इस्लामी निज़ाम को **"शरई कवानीन"** के निफ़ाज़ का मक़सद क़रार देना इस बात को साबित करता है कि यह **"निज़ाम"** तमाम इंसानों का ना होकर महज़ **"मुसलमानों"** का **"निज़ाम"** है ! हालाँकि ख़ालिक़ ने उसे तमाम दुनिया पर ग़ालिब करने का हुक्म दिया है ! तो क्या किसी **State** में अगर **90%** ग़ैर मुस्लिम बसते होंगे तो **"इस्लामी निज़ाम"** उनपर **"शरई कवानीन"** का निफ़ाज़ कर देगी ? हालाँकि जिनका उस क़ौम पर सिरे से इतलाक़ होता ही नहीं है ! फिर ऐसा नज़रिया रखना क्या **"दीने इस्लाम"** की अफ़ाक़ियत पर ज़र्ब नहीं लगाता ?

दरअसल निज़ामे हक़ का ताल्लुक़ बुनियादी इंसानी हुक़ूक़ से है और इंसान सिर्फ़ मुस्लिम मुमालिक में ही नहीं रहते हैं, बल्कि लफ्ज़े इंसानों का ताल्लुक़ दुनिया के तमाम इंसानों से है और दुनिया में मुख़ालिफ़ मज़हिब के लोग रहते हैं, और यह कि अल्लाह इस निज़ाम को तमाम दुनिया पर ग़ालिब करने का हुक्म देता है, तो इसका लाज़मी मतलब निकलता है कि **Sharia law** किसी निज़ाम का बुनियादी मक़सद तो क़तई नहीं हो सकता !

और फिर जब तक कि कोई निज़ाम **"निज़ामे सलात"** (जिसकी तफ़सील पिछले सफ़हात में बयान की जा चुकी है) के बुनियादी उसूलों पर अपनी ज़मीनी हक़ीक़त के साथ मुकम्मल तौर पर क़ायम व दायम ना हो जाये और अवाम उन बुनियादी हुक़ूक़ से कुल्ली तौर पर मुस्तफ़ीद ना हो जाए यानि समाज से जुर्म करने के तमाम असबाब व अवामिल का कुल्ली तौर पर खात्मा ना कर दिया जाए, तब तक समाज में शरई क़वानीन के तयीं ताज़ीराती क़वानीन को तो किसी भी हाल में नाफिज़ नहीं किया जा सकता !

दौरे हाज़िर में मुस्लिम मुमालिक़ों में मुसलमानों की कुछ मुताशद्दिद तंज़ीमों की तरफ़ से शरई क़वानीन के निफ़ाज़ की जो आवाज़ उठाई जाती है वह सिरे से बेबुनियाद है, जहां तक शरई क़वानींन का मसला है तो इस हक़ीक़त को भी क़तअन नज़रअन्दाज़ नहीं किया जा सकता है कि हमारी मौजूदा तमाम फ़िक्ही किताबें इंतेहाई फरसूदह है, जिसका अज़ सिरे नो तशकील होना इंतहाई ज़रूरी है और फिर इसके बाद भी **State** में शरई क़वानीन का ताल्लुक़ सिर्फ़ **Muslim personal law** से ही रहेगा !

इस हक़ीक़त को नज़रअंदाज़ करते हुए तमाम जिहादी तंज़िमों ने **इस्लामी निज़ाम** के उन सभी बुनियादी उमूर को कि जिसके बग़ैर इस्लामी निज़ाम का तसव्वुर ही नामुमकिन है, दरकिनार करते हुए शरई क़वानीन व उसके तयीं क़ायम होने वाले ताज़ीराती क़वानींन के क़याम को ही **इस्लामी निज़ाम** का असल मक़सद क़रार दे दिया !

दौरे हाज़िर में Afghanistan की इस्लाम के नाम पर क़ायम हुकूमत इसकी ज़िंदा मिसाल है

इस तरह इस्लामी निज़ाम के क़याम का ऐन मक़सद ऊपर बयान किए गये इन्हीं उसूलों को मुकम्मल तौर पर उसकी **ज़मीनी हक़ीक़त** के साथ क़ायम व दायम कर देना है ! रहा ताज़ीराती क़वानीन का मसला, तो उन्हें बग़ैर उन सभी बुनियादी इंसानी हुक़ूक़े क़वानीन को मुकम्मल तौर पर अमली जामा पहनाये किसी भी हाल में उसे अवाम पर **Implement** नहीं किया जा सकता!

हाज़ल बलादिल अमीन "هَٰذَا الْبَلَدِ الْأَمِينِ"

मक्का:-

ख़लीक़े कायनात ने शहर ए मक्का को अमन का शहर क़रार दिया है, हजरत इब्राहीम (अल०) ने अपने ख़ालिक़ से इस शहर "**मक्का**" को अमन का शहर बनाने की दुआ भी की थी, जिसका मकसद ही यही था कि रुए अर्ज़ पर बसने वाला कोई भी शख़्स जिसके पास रोटी, कपड़ा, मकान ना हो वह इस शहर में पनाह ले सके, और वहाँ का हाकिम अपने मुल्क की इस्तेदाद में मुताबिक़ उन्हें पनाह (**Refugee**) भी दे और उनके रोज़ी रोज़गार का इंतज़ाम भी करे !

जिस तरह बाजमाअत नमाज़ पढ़ने के उसूलों में इस्लामी निज़ाम की तालीमात ज़ाअम् है, इसी तरह शहरे मक्का को **बलादिल अमीन** कहने का मक़सद में भी एक वसीअ मकसद ज़ाअम् है और वह यह कि जिस तरह हरम में इंसानी जान की हुर्मत पामाल नहीं की जा सकती इसी तरह इस पूरे शहर की हुदूद में अगर कोई मज़लूम दाख़िल हो गया तो उसे उसकी जान को अमान हासिल होगी, यानि इस्लाम क़ुरआन के ज़रिए यह पैग़ाम दे रहा है कि इस शहर को हरम (काबा) नमूना मानकर उसे अमन की तशबीह बना दो, जिससे तमाम इंसानों को उसकी जान माल इज़्ज़त आबरू की हिफ़ाज़त का यक़ीन दिलाया जा सके ! और दुनिया इस अमन के शहर की फ़्यूज़ व बराकात को अपनी खुली आँखों से देख ले ताकि फिर तमाम दुनिया इसी की तशबीह बन जाये !

कहाँ शहर "**मक्का**" को अमन का शहर कहने का वह अज़ीम मक़सद जो क़ुरआन बयान कर रहा है ? और कहाँ आज यह मज़हबी रुसूमात की अदायगी के नाम पर माल ओ माताअ की तहसील का मरकज़े हरम ? जिससे रुए अर्ज़ पर बसने वाले मज़लूमीन का आख़िर क्या फ़ायदा ?

इससे बेहतर बलादिल अमीन तो **western countries** हैं जहां दुनिया भर के

मज़लूमीन बग़ैर किसी **Religious discrimination** के पनाह गुज़ीर हैं, जहां उन लूटे पिटे बे यार ओ मददगारों को रहने के लिए घर, खाने को रोटी और पहनने को कपड़ा मयस्सर है, **Syriya , Yemen, Afghanistan** जैसे मुल्कों के मज़लूमीन को उनकी जान माल की अमान इन्हीं **Western countries** ने दे रखी है, आख़िर तमाम मज़लूमीन वहीं जाकर क्यों बसना चाहते हैं? क्या दुनिया में मुस्लिम मुमालिक की कमी है ? क्या दुनिया में मुस्लिम मुमालिक सारे के सारे ग़रीब हैं कि वह यह जानते हुए कि यह पनाह मांगने वाले किसी और क़ौम के नहीं बल्कि उन्हीं में से हैं ? बावजूद इसके क्या वह इन्हें अपने मुल्कों में पनाह नहीं दे सकते ? और फिर जब हमारे उलामा के मुताबिक़ **western countries** इतनी बुरी हैं जहाँ कि अल्लाह की लानत बरसती क्योंकि वहाँ के सारे लोग सिर्फ़ शराब पीते हैं और नंगे रहते हैं सब खुले आम बस ज़िना कारी में मस्त रहते हैं, तो हुज़ूर वाला आपको किसने कहा है कि आप पर जब मुसीबत आए तो आप बस सीधे उन्हीं मुल्कों का रुख़ कर ले और बस किसी तरह वहाँ पहुँच जायें, चाहे **VIsa** मिले या ना मिले **Illegally border jump** करना पड़े तो वह भी कर गुज़रो लेकिन जाना फिर भी मग़रिब में ही है ! **लेकिन क्यों**? वहाँ ही क्यों? **Saudi Arabia** क्यों नहीं ? **Afghanistan** क्यों नहीं ? वहाँ तो मुसलमानों की अज़ीज़तरीन "**शरिया**" नाफिज़ है, फिर भी उन मुल्कों को छोड़कर मुसलमानों ने मग़रिबी मुमालिक को अपना क़िबला क्यों बना रक्खा है ? क्यों भई? यह तो बिल्कुल ना समझ में आने वाली बात है, कि जिन मुल्कों के लोग ख़राब, वहाँ के हाकिम ज़ालिम, तो फिर उन्हीं के **Dollar**, **Pound** को बोसा क्यों देना है ? हालाँकि उलामा को अपने दारुल उलूम भी उन्हीं पैसों से चलाने हैं ! कमाल की सोच है इस क़ौम की ! जिस थाली में खाना है उसी में छेद भी करना है ! और फिर जब हम जैसे लोग इसका एहसास दिलाते हैं तो हमें "**मग़रिब का एजेंट**" होने जैसी गालिया पड़ती हैं !

बहरहाल, यह है असल सूरते हाल जिसका इनकार करना ऐसा ही है कि जैसे दिन में दमदमाते हुए सूरज को देखने के बावजूद भी रात होने का दावा करना !

अब आइये इसकी असल हक़ीक़त को जानने की कोशिश करते हैं कि आख़िर

सच है क्या?

क्यों लोग अपने चहीते "**इस्लामी मुमालिक**" को छोड़कर "**मग़रिबी मुमालिक**" की तरफ़ रुख़ करने को मजबूर हैं?

मैं दावे के साथ कह सकता हों कि रूए अर्ज़ पर अगर कहीं किसी मुल्क में "**इस्लामी निज़ाम**" अपनी असल बुनियादी उसूलों पर (चाहे निज़ाम का ज़ुज़ ही क्यों ना हो) कहीं क़ायम है तो वह वह "**मग़रिबी मुमालिक**" ही हैं कि जहाँ "**इस्लामी निज़ाम**" में हाकिमियत का वह ख़ास वा असल मकसद (यानि अवाम को उनके बुनियादी इंसानी हुक़ूक़ का मयस्सर होना) अपनी जैसी तैसी हाल में भी अगर कहीं मजूद है तो वह "**मग़रिबी मुमालिक**" ही हैं और यह दावा क़ुरआन का है कि जब कभी भी, जहाँ कहीं भी "**इस्लामी निज़ाम**" अपने असल बुनयादों पर क़ायम होगा तो लोग देख लेंगे कि किस तरह तमाम लोग उस "**निज़ाम**" के साये तले रहने बसने तो अपनी ख़ुशक़िस्मती समझेंगे, और अगर उन्हें ज़रा सा भी मौक़ा मयस्सर आ गया तो वह वहाँ की तरफ़ फौज दर फ़ौज चले आयेंगे !

क़ुरआन ने सुरह नस्र में फरमाया :-

إِذَا جَاءَ نَصْرُ اللَّهِ وَالْفَتْحُ

وَرَأَيْتَ النَّاسَ يَدْخُلُونَ فِي دِينِ اللَّهِ أَفْوَاجًا

(जब अल्लाह की मदद आ जाए और फ़तह नसीब हो जाए, तो तुम देख लोगे कि लोग फ़ौज दर फ़ौज अल्लाह के दीन में दाख़िल हो रहे हैं)

यहाँ क़ुरआन साफ़ तौर पर बयान कर रहा है कि ईमान वालों तुम देख लोगे कि जब तुम **दीन ए इस्लाम** के बताए हुए उसूलों पर मबनी निज़ाम (निज़ामे सलात) को क़ायम कर लोगे तो तुम उसकी फ़ुयूज़ व बराक़ात को अपनी खुली आँखों से देखोगे कि लोग किस तरह लोग फ़ौज़ दर फौज उस आदिलाना निज़ाम में दाखिल होने के लिए बेताब हो जाएँगे !

(यहाँ "**दीन**" से मुराद ख़ालिक़ के नाज़िल करदह उसूलों पर मबनी "**निज़ाम**" है नाकि "**मज़हबे इस्लाम**")

और आज लोग इस हक़ीक़त को यक़ीनन अपनी खुली आँखों से देख रहे हैं कि तमाम दुनिया में सिर्फ़ **Western countries** ही हैं जिन्होंने अपने हुकूमती निज़ाम को उन्हीं बुनियादी उसूलों पर (कुल्ली या जुज़्वी तौर पर) उसकी ज़मीनी हक़ीक़त के साथ क़ायम कर रक्खा है कि जिन उसूले ख़ास को ख़ालिक़ ने "**इस्लामी निज़ाम**" के क़याम के बुनियादी उसूल क़रार दिए थे !

यानि Judiciary, Human rights, Social equality and Taxes

तो ज़ाहिर सी बात है कि जो निज़ाम ख़ालिक़ के नाज़िल करदह उसूलों पर क़ायम होगा (जिन्हें उसने इंसान को इंसान पर हुकूमत करने के लिए उस निज़ाम के असल उसूल क़रार दिए थे) उस निज़ामे सल्तनत में जाने वा वहाँ रहने बसने के लिए लोग फौज दर फ़ौज क्योंकर नहीं आयेंगे, और आज के इस दौर में इन बेताब लोगों की तादाद को **Western countries** में दाखिल करने वाले लोगों की **Visa applications** की तादाद से बाआसानी जाना जा सकता है !

इसके बरअक्स क्या "**Islamic Emirates of Islam**" या "**Islamic Republic**" कहलाने वाली मुसलमानों के किसी मुमालिक में क्या कोई इंसान जाने को तरस रहा है?

क्यों नहीं?

सच्चाई यह है कि ऐसी तमाम सल्तनों के बाशिंदे भी उस निज़ाम से बाहर जाने को बेताब हैं, इसकी हक़ीक़त **Western countries** में मुसलमानों की **Refugee applications** से बाआसानी लगाया जा सकता है !

इन तमाम हक़ीक़त के ज़ाहिर हो जाने के बाद भी मुसलमानों की बेहिसी और बदबख्ती का यह आलम है कि वह उन्हीं मुल्कों (**Western countries**) में रहने

बसने के लिए जाते भी हैं और फिर उन्हीं के ख़िलाफ़ मेंबरे रसूल से बद्दुआएँ भी करते हैं !

गोया मुसलमान क़ौम वह बेशर्म ओ बेहिस क़ौम है जिसे ना कि अल्लाह व उसके रसूल के क़ानून का पास ओ लिहाज़ है और ना ही दुनिया की नज़र में एक अच्छा इंसान पसंद क़ौम बनने का शौक़ ओ तौफ़ीक़ !

हालाँकि हक़ीक़त यह है कि हमारा ख़ालिक़ जो इस पूरी कायनात का ख़ालिक़ है वह माज़ी, हाल और आने वाले मुस्तक़बिल को जानने वाला है, उसे अच्छी तरह मालूम है कि दुनिया में कब कहाँ कैसे मामलात होंगे, कब कहाँ कौन सी क़ौम आबाद होगी, कौन बर्बाद होगा, कौन किसकी बर्बादी का सबब होगा, कौन दुनिया को **Control over** करेगा, और दुनिया पर कब शर पसंद ख़ैर पसंदों पर ग़ालिब आ जाएँगे वग़ैरा वग़ैरा ! तो ऐसा कैसे हो सकता है कि हमारा ख़ालिक़ इन तमाम उमूर से वाक़िफ़ तो हो लेकिन उसके सद्देबाब के लिए उसपर ईमान लाने वालों को कोई निशानदेही और ज़िम्मेदारी ना सौंपे! ऐसा हो ही नहीं सकता

दुनिया के इन तमाम उमूर से कुल्ली वाक़फ़ियत रखने वाला हमारा ख़ालिक़ इंसानों को मज़लूमियत के हाल में देखना पसंद नहीं करता, इसीलिए उसने उसपर ईमान लाने वालों पर यह ज़िम्मेदारी डाली है कि वह दुनिया में "**निज़ामे सलात**" को क़ायम करें जिससे रुए अर्ज़ पर बसने वाले तमाम इंसानों में कोई मज़लूम ना रह जाए, और इसी मकसद का एक अमल शहर "**मक्का**" को बलदिल अमीन क़रार देना है!

इसलिए ख़ालिक़े कायनात ने इस शहर "**मक्का**" को अमन का शहर बनाने के लिए उसपर ईमान लाने वालों को हज० इब्राहीम (अल०) की मिसाल देते हुए क़ुरआन करीम में फरमाया:-

क़ुरआन ने फरमाया :-

وَأَذِّنْ فِي النَّاسِ بِالْحَجِّ

"और लोगों में हज्ज की आम मुनादी कर दो"

"لِيَشْهَدُوا مَنَافِعَ لَهُمْ وَيَذْكُرُوا اسْمَ اللَّهِ" (सूरह हज्ज 27,28)

"ताकि वह फ़ायदा देखें जो उनके लिए यहाँ उनके लिए रक्खे गए हैं"

यह आख़िर कौन सा नफ़ा है जिसकी बात यहाँ क़ुरआन बयान कर रहा ? हालाँकि मौजूदा **हज्ज** ने इंसानी समाज तो दरकिनार सिर्फ़ मुस्लिम समाज को इस अज़ीम फ़रीज़ह ने क्या फ़ायदा पहुँचाया है ? अलावा इस ज़हनी मख़मसे के कि उन्होंने अपने गुनाह माफ़ करवा लिये हैं !

وَأَذِّنْ فِي النَّاسِ بِالْحَجِّ يَأْتُوكَ رِجَالًا وَعَلَىٰ كُلِّ ضَامِرٍ يَأْتِينَ مِنْ كُلِّ فَجٍّ عَمِيقٍ

لِيَشْهَدُوا مَنَافِعَ لَهُمْ وَيَذْكُرُوا اسْمَ اللَّهِ فِي أَيَّامٍ مَّعْلُومَاتٍ عَلَىٰ مَا رَزَقَهُم مِّن بَهِيمَةِ الْأَنْعَامِ فَكُلُوا مِنْهَا وَأَطْعِمُوا الْبَائِسَ الْفَقِيرَ

(और लोगों में हज की मुनादी कर दो वह तुम्हारे पास आयेंगे पैदल भी और निहायत लाग़र ऊँटनियों पर भी पहुँचेंगे दूर दराज़ की गहरी पहाड़ी रातों से)

(ताकि वह फ़ायदा देखें जो यहाँ उनके लिए रक्खे गए है और चंद मुक़र्रराह दिनों में उन जानवरों पर अल्लाह का नाम लें जो उसने उन्हें बख्शे हैं, ख़ुद भी खायें और तंगदस्त मोहताजों को भी दें)

ख़लीक़े कायनात ने ईमान वालों पर आयद किए होए इबादती फ़रीज़ों (**नमाज़, रोज़ा, ज़कात, हज्ज**) में, ईमान वालों के लिए रूहानी तक़वियत की तहसील का ज़रिए क़रार देने के साथ साथ रुए अर्ज़ पर बसने वाले तमाम इंसानों की **फ़लाह व बेहबूद** को इस तरह पिरो दिया है जिससे कि इन तमाम इबादती फ़रीज़ों की अदायगी

करने में **रूहानियत** और **क़ुर्बे इलाही** की तहसील के साथ साथ **इंसानों के वह तमाम मसाइल भी हल हो जायें जिसके अदमे वुजूद से इंसानियत कराह रही हो !**

अल्लाह का ईमान वालों से मसाजिद में रस्मी सजदे करवाना, साल में ख़ासी रक़म खर्च करवा कर अपने घर का तवाफ़ करवाना क़तअन मक़सूद नहीं है, भला इन रुसूमात की अदायगी से इंसानों या इंसानियत का क्या भला होता है ? जो अल्लाह ने इसे ईमान वालों पर इस कद्र सख़्ती से फ़र्ज़ कर रखा है !

ख़लीक़े कायनात की नज़र में रूए अर्ज़ पर बसने वाले तमाम इंसान इस बात से मावरा की वह उसपर ईमान (उलुहियत) रखते है या नहीं, सब के सब अपने बुनियादी इंसानी हुक़ूक़ में बराबर हैं, इसीलिए उसने उसपर ईमान लाने वाली क़ौम (मुसलमान) को यह हुक्म दिया कि वह ज़मीन पर आदिलाना निज़ाम हर हाल में क़ायम करें, जिससे तमाम इंसानों को उनके तमाम बुनियादी इंसानी हुक़ूक़ मायस्सर हो सकें, **उसी आदिलाना निज़ाम का एक अहम फ़रीज़ह "हज्ज" भी है !**

हज्ज जैसे अज़ीम फ़रीज़ह हाजियों को जानवर की क़ुर्बानी का हुक्म दौरे माज़ी में दरअसल हक़ीक़तन उन लोगों के लिए था जो कि **हज्ज** करने के लिए अपना वतन छोड़कर शहरे मक्का में दाखिल होते थे, यहाँ यह बात जान लेनी चाहिए कि हज्ज करना ज़माने क़दीम में आज की तरह इतना खर्चेलू नहीं होआ करता था, ना ही उस वक़्त इस्लाम के मानने वाले तमाम दुनिया में मौजूद थे, उस वक़्त तो इस्लाम का **Reformation** होआ था, उस वक़्त तो इस्लाम का दायरा जज़ीरतुल अरब तक ही था, और लोग बैतुल्लाह का सफ़र अपने जानवरों की सवारी से तय कर लेते थे, इसलिए उस वक़्त ऐसा कोई ज़रूरी नहीं था कि एक मालदार शख़्स ही हज्ज करने की सआदत हासिल कर सके बल्कि एक आम शख़्स भी हज्ज जैसे अज़ीम फ़रीज़ह की अदायगी सिर्फ़ खाने पीने जैसी ज़रूरत के पूरे हो जाने से (सफ़र की मुश्किलात को छोड़कर) बाआसानी कर सकता था, यानी यह वह ज़माना था कि जब इस्लाम मक्का के क़ुर्ब ओ जवार तक ही महदूद था, इसलिए उस ज़माने में मक्का का सफ़र किसी हवाई जहाज़ से नहीं करना होता था और ना ही उसका आज

की तरह कोई **Department** होआ करता था जो लोगों पर हज्ज करने की इजाज़त फ़राहम करे और उसकी क़ीमत भी तय करे, कहने का मतलब यह है कि उस दौर में हज्ज करना आज के इस दौर की तरह **Commercialise** नहीं था !

इस्लाम ने लोगों को **हज्ज** करने के साथ साथ क़ुर्बानी करने का हुक्म दरअसल इतने बड़े मजमे में आये होए लोगों के लिए उनके खाने पीने के इंतेज़ाम के लिए था, आख़िर इस ज़माने में ना **Cold storage** थे, ना आज की तरह बेशुमार खाने पीने की वह फ़रावानी के मुक़ाम, उस दौर में इंसान के पास ना तो अपने साथ बहुत सा खाना पहले से तैयार करके अपने पास रखने के अलात मौजूद थे, इसलिए लामुहाला वह अपने साथ जानवर रखते थे जिसे वह जब चाहते थे हलाल करके अपने क़ाफ़िले के लोगों के खाने का इंतज़ाम कर लेते थे, इसी वजह से ख़ालिक़ ने तमाम लोगों पर यह लाज़िम क़रार दिया कि जब भी वह हज्जे बैतुल्लाह के सफ़र का इरादा करें तो उनपर **हज्ज** के साथ जानवर की क़ुर्बानी करने को हज्ज के ज़रूरी अरकान में से एक रुक्न क़रार दिया !

हज्ज और **क़ुर्बानी** को मुस्लिम मालदारों पर इसीलिए फ़र्ज़ किया गया है कि वह अपनी ज़िन्दिगी में जिस्मानी व रूहानी तौर पर तो कम अज़ कम साल में एक बार बलादिल अमीन (मक्का) में ज़रूर हाज़िर हों जहां अपने अमीर के पैग़ाम को सुनें, बैतुल्लाह का तवाफ़ करके **रूहानी तक़वियत** हासिल करें, और अल्लाह के हुज़ूर में अपनी हाज़िरी दर्ज करायें, बाक़ी हर साल अपने मुक़ाम पर रह कर भी रूहानी तौर पर तो अपना ताल्लुक़ इस हरम से हर हाल में रखे, और अगर उनके अपने क़ुर्ब ओ जवार में माली हालत बेहतर हों तो वह अपनी **ज़कात (cash amount)** के तौर पर और **क़ुर्बानी (Food product)** के तौर पर इस बलादिल अमीन (**मक्का**) में मज़लूमीन की मदद की ख़ातिर (जो इस शहर में **Refugee** के तौर पर पनाह गुज़ीर है) ज़रूर भेजें, उन्हें क़ुर्बानी जैसे अमल को अपने मरकज़ (मक्का) में नगद के तौर पर भेजना होगा, यह हुकूमत (ख़लीफ़ा) **Decide** करेगी कि आपकी उस रक़म को जो कि क़ुर्बानी के एवज़ में भेजी गई है उसे किस मद में खर्च किया जाएगा, जिससे कि क़ुर्बानी जैसे अहम फ़रीज़ह अपनी हक़ीक़त को पा

सके यानि रुए अर्ज़ पर बसने वाले मज़लूमीन को जान माल की अमान दी जाने में आपके ज़रिए दी गई क़ुर्बानी का जो असल मकसद व मंशा है, पूरा हो सके, ताकि रुए अर्ज़ पर बसने वाला कोई मज़लूम अगर इस बलादिल अमीन (मक्का) में दाखिल हो जाये तो उसे उसकी बुनियादी इंसानी ज़रूरियात से अरास्ता करने के लिए तमाम ईमान वालों की मजमूई शुमूलियत हो जाए, जिससे कि **"हज्ज"** जैसे अज़ीम फ़रीज़ह का ईमान वालों पर की गई अदायगी की फ़र्ज़ियत को कुल्ली तौर पर अपने हक़ीक़ी मायनों में साबित किया जा सके !

यह था वह सबब कि जिसकी वजह से तमाम इंसानों को हज्ज जैसे अरकान की अदायगी से नुए इंसानी को होने वाले फ़वायद से आगाह करना था कि वह अपनी खुली आँखों से मुशाहिदा कर लें कि "**इस्लाम**" दुनिया के लिए बाइसे रहमत है जो तमाम इंसानों की फलाह व बेहबूद के लिए उसपर ईमान लाने वालों पर ऐसे फ़रीज़ह आयद करता है जिससे तमाम नुए इंसानी मुस्तफ़ीद हो सके, ख़ालिक़े कायनात के ज़रिए अता करदाह यह नज़ारिया दरअसल "**दिन ए इस्लाम**" की अफ़ाकियत का सुबूत देता है

अब रहा जानवर की क़ुर्बानी करना जिसे **हज्ज** के दौरान लाज़मी क़रार दिया गया था, उसे आज दुनिया के इस बदलते हुए **Scenario** में आज इस हुक्म को देखा जाए तो अब यह **क़ुर्बानी** करना महज़ एक **रस्म** के सिवा कुछ भी नज़र नहीं आता, अब इस फ़रीज़ह को बऐनिही वैसे ही अंजाम देना कि जैसे उसे उस दौर अंजाम दिया जाता था, इस बात से सर्फ़ेनज़र करते हुए कि अब उस सबब का कि जिसकी वजह से यह हुक्म दिया गया था, बाक़ी ही ना रहा तो आख़िर अब उसे बऐनिही अंजाम देने का क्या फ़ायदा ?

अक़्लमंदी तो यही कहती है कि जो हुक्म जिस सबब की ख़ातिर दिया गया था, देखा जाये कि वह आज किस सूरत में तब्दील हो चुका है, तो आज अगर उस हुक्म **रस्म की अदायगी** की जगह अपने हक़ीकी मायनों में एक **ज़रूरते ख़ास की तकमील** की ख़ातिर अदा किया जाए तो वह अज़ीम फ़रीज़ा "महज़ रस्मी" अदायगी के नूए इंसानी के लिए एक नफ़ाबक्श अमल साबित होगा, और दुनिया

ख़ालिक़ के दिये गए हुक्म को इस मायने में जानेगी कि उसका ख़ालिक़ उन्हें किसी हुक्म को उनपर महज़ **रस्म** या किसी **मसनून** अमल की वजह से फ़र्ज़ नहीं करता बल्कि वह उनपर इसलिए फ़र्ज़ क़रार देता है कि इसी में दुनिया वालों की भलाई है!

इस्लाम जिस पर वह तमाम इंसानो को अमलपैरा होने को लाज़िम क़रार देता है वह कोई **रस्म ओ रवाज का "मज़हब"** नहीं है, बल्कि वह एक मुकम्मल व मुस्तक़िल **"दीन ए हयात"** है, वह एक ज़ाब्तये हयात है नाकि किसी ख़ास सबब के तयीं किया जाने वाले अमल को महज़ मज़हबी फ़रीज़ह के तौर पर अंजाम दिये जाने वाला मज़हब ! जिसमें कोई फ़रीज़ह महज़ इसलिए अंजाम दिया जाता हो कि बस ऐसा करना मसनून है ! दाराहालाँकि वह आज के दौर में मौज़ू हो या ना हो, या फिर आज उस हुक्म की फ़र्ज़ियत की **हिकमत** वा **इल्लत** सिफ़ाये इसके की यह अमल मसनून है, बयान की ही नहीं जा सकती, लेकिन फिर भी ईमान वालों को बस एक मज़हबी फ़रीजह के तौर पर उसे बाऐनिही वैसी ही अंजाम देना पड़ेगा, चाहे उसकी अंजाम देही **"दीने इस्लाम"** के अहकाम की **अफ़ाक़ियत** को खोकर एक **मज़हबी रसूमात** की अदायगी ही क्यों ना बनकर रह जाए !

नतीजतन **"मज़हबे इस्लाम"** और **ग़ैर मज़हबे इस्लाम"** में इसके अलावा कोई फ़र्क़ बाक़ी ना रहा कि **मुसलमोनों** और **ग़ैर मुस्लिमों** के इबादती तौर तरीक़े अलग-अलग थे, यानि कोई **"रोज़ा"** रखता तो कोई **"व्रत"** रखता, कोई **"पूजा"** करता तो कोई **"नमाज़"** पढ़ता, कोई **"हज्ज"** करने को गुनाहों से पाकीज़गी का मक़सद क़रार देता तो कोई इसी मक़सद की तहसील को **"गंगा स्नान"** से क़रार देता ! कहने का मकसद यह है कि फिर **"इस्लाम"** और **"ग़ैर इस्लाम"** दोनों ही **Custom, Tradition and Cult** की अदायगी के **"मज़हब"** क़रार पाए गए !

तारीख़ गवाह है कि **"मज़हब"** ने इंसानों को अपने अपने **मज़हबी रसूमात** की बुनियाद पर सिर्फ़ बाँटा ही है, और उसने नुए इंसानी की **फ़लाह वा बहबूद** का कोई काम कभी सिरे से अंजाम दिया ही नहीं है !

दूसरी ओर इस रिवायती **"हज्ज"** की तर्जुमानी उसी क़दीम फ़लसफ़े के तहत

की गई, इस बात से क़तैयत के साथ नज़रअंदाज़ करते हुए कि दुनिया की सूरते हाल (हुक़ूमती निज़ाम) अब माज़िये क़दीम की सूरते हाल से बिल्कुल मुख़्तलिफ़ है, अब उस दौर के एहकामात को बाऐनिही उसी **Methodology** के तहत अंजाम देने को मैं इंतहाई अहमकाना बात समझता हूँ ! पिछले सफ़हात में इस सबब की तफ़सील भी बयान की जा चुकी है, लेकिन ताज्जुब की बात है कि आलमे इस्लाम के जय्यद आलिम और फिर जिन्हें मुसलमानों के एक गिरोह में "**अयातुल्लाह फिल आलामीन**" का लक़ब अता किया गया है जिन्हें तमाम दुनिया "**सैयद रूहुल्लाह अलखुमैनी**" के नाम से जानती है, ऐसे साहिबे शऊर अश्ख़ास भी क़ुरानी एहकामात व उस दौर के वाक़ियात को "**मक्के**" की चारदीवारी से निकल कर उसकी अफ़ाक़ी वा अबदी तर्जुमानी करने से क़ासिर दिखाई देते हैं, और वह भी उसकी वही शरह बयान करते है जोकि हर दौर के लिए मौज़ू (Suitable) किसी भी हाल में नहीं हो सकती !

तफ़सील के लिए उनकी किताब " **हुकूमते इस्लामी**" के इक़्तेसबात नक़्ल कर रहा हूँ:-

"खुत्बा ए जुमा में यह नहीं था कि एक दुआ और सूरह पढ़ लें और चंद कालिमे अदा कर लें बस, बल्कि जुमे की तैयारी में लश्कर की तैय्यारी का एलान होता था लोग मस्जिद से मैदाने जंग की तरफ़ जाते थे, ज़ाहिर है कि मस्जिद से मैदाने जंग की तरफ़ जाएगा वह ख़ुदा के अलावा किसी से नहीं डरेगा वह क़त्ल होने, आवारा वतन होने से नहीं डरेगा ! इस क़िस्म का लश्कर फ़तह व क़ामयाब होता था !" (Page no- 63)

उनकी यह तहरीर ना तो "**हज्ज**" जैसे अज़ीम फरीज़े की मौजूदा सूरते हाल से मुताबिक़त रखती है और ना ही उनके खुतबये "**हज्ज**" के मक़ासिद की बयान करदह तफ़सील आज के इस दौर के लिए किसी भी हाल में मौज़ू **(Suitable)** नज़र आती है, सिवाए इसके कि नवजवान नस्ल के जज़्बात भड़क उठें और वह बेमक़सद अपना ख़ून गवाँ बैठे, जिसका कुछ हासिल हुसूल ना आज तक हो सका है ना ही माज़ी में हुआ है और ना ही इस तरीक़े से कभी हो सकेगा!

"**हज्ज**" जैसे अज़ीम फ़रीज़े का इस्तेमाल इन बेबुनियाद कामों के लिए किया जाना मेरे नज़दीक़ फ़रीज़ए "**हज्ज**" की तहरीफ़ है !

शहर मक्का में वाक़ेअ बैतूल हरम (काबा) हमेशा से कारोबार का मरकज़ रहा है और काबा पैसे कमाने का एक अहम ज़रिया रहा है, सिवाये उस मुद्दत के कि जब रसूल (सल्ल॰) ने मक्का को फ़तह किया और वहाँ मुस्तक़िल इस्लामी मुमलकत का क़याम किया ! उसके बाद से शहर "**मक्का**" दुनिया में अमन का शहर रहा, लेकिन जैसे जैसे "**दीन ए इस्लाम**" पर "**मज़हबी पेशवाओं**" का ग़लबा होता गया उन्होंने "**दीन ए इस्लाम**" को "**मज़हबे इस्लाम**" में तब्दील कर डाला जिससे उन्हें **माल ओ दौलत** का भी फ़ायदा हुआ और साथ ही उनकी **मज़हबी पेशवाई** भी क़ायम हो गयी !

हज्ज जैसे अज़ीम फ़रीज़ह की मज़हबी तर्जुमानी ने नुए इंसानी को कुछ नफा ना दिया अलावा इसके कि बस मुसलमानों का एक मज़हबी रिवायत की अदायगी और उनके मज़हबी पेशवाओं की आमदनी !

आख़िर यह बात इस्लामी **Intellectuals** को क्यों नहीं समझ में आती है कि इस्लाम "**Tradition, Cult** या **Rituals** की अदायगी का मज़हब नहीं है, बल्कि **दीन ए इस्लाम दीन ए फ़ितरत** है, तो लमूहला उसके तमाम कवानीन, **एहकाम** व **फ़राएज़** भी ऐन फ़ितरी ही होने चाहिए! अब आप इस मुसल्लमा उसूल से मुरव्वजा तमाम मज़हबी उमूर को परख कर देख लीजिये आपको दीन ए इस्लाम के अहकामात में की गई **तहरीफ़** साफ़ दिखाई दे जाएगी ! दरअसल यह सब अल्लाह के हत्मि क़वानीन के साथ खिलवाड़ करने और उसके एहकमात को **Twist** करने की पादाश में होआ है, और यह वह जुर्म ए अज़ीम है जिसकी सज़ा से हम तभी बाहर आ सकते हैं कि जब उम्मत के **Intellectuals** इन तहरीफ़ शुदा क़ुरआनी इस्तिलाहात पर **Review** करके उन्हें वापस अपने असल हुक्म पर लौटा ना दिया जाए ! उलमा के ज़रिए की गई "**दीन**" की इस तहरीफ़शुदा सूरत पर अज़ सिरे नो गौर करने की इंतहाई ज़रूरत है, जिससे कि दिन ए इस्लाम की मसख़्शुदा ताबीर की तसीह हो सके, और वह अपनी असल सूरत में दुनिया के सामने ज़ाहिर हो सके,

जिसकी फ़्यूज़ वा बरकात से ख़ुद ईमान वालों की फ़लाह के साथ साथ तमाम नूए इंसानी की फ़लाह व बहबूद जो कि सिर्फ़ "**इस्लाम**" है, दुनिया में अपनी ज़मीनी हक़ीक़त के साथ मुकम्मल तौर पर साबित हो जाए, और यह भी साबित हो सके कि **दीन ए इस्लाम** किसी ख़ास क़ौम का **दीन** ना होकर तमाम नुए इंसानी का दीन है और यही दीन उसके ख़ालिक़ को मंज़ूर है, ख़ालिक़ का फरमान है :-

"إِنَّ الدِّينَ عِندَ اللَّهِ الْإِسْلَامُ"

(दीन अल्लाह के नज़दीक सिर्फ़ इस्लाम है)

लेकिन अफ़सोस सद अफ़सोस कि उलमाए इस्लाम ने "**दीन ए इस्लाम**" को **मज़हबी** रसूमात की अदायगी का एक आम **मज़हब** बनाकर रख दिया, जिससे नतीजतन आज दुनिया "**दीन ए इस्लाम**" की तब्दीलशुदा सूरत "**मज़हबे इस्लाम**" को नापसंद करने लगी, क्योंकि तारीख़ गवाह है कि **मज़हब** ने दुनिया को आज तक कोई फ़लाह बख्शी ही नहीं है!

"**मज़हब**" की पैरुकारी करने की पादाश में उम्मते मुस्लिमा पर ख़लीक़े कायनात ने जो **Duty and liability** आयद की थी उसमे यह इस्तेदाद ही बाक़ी ना रही कि वह दुनिया को वह कुछ दे सके, जिसकी वजह से इस उम्मत को माज़ी की तमाम उम्मतों पर फ़ौक़ियत बख़्शी गई थी, और ना ही वह दुनिया के सामने "**दीन ए इस्लाम**" की वह सूरत पेश करने की क़ाबिल बाक़ी रही कि जिसकी वजह से ख़ालिक़ ने "**दीन ए इस्लाम**" को को ही क़ुबूलियत का दर्जा अता फरमाया था !

"**दीन ए इस्लाम**" को "**मज़हबे इस्लाम**" में तब्दील किए जाने की वजह से उम्मते मुल्लिमा में यह इस्तेदाद ही बाक़ी ना रही कि वह दुनिया की क़यादत करती, जिससे फिर उसने दुनिया में महक़ूमियत को ही क़द्रे ग़नीमत समझा, नतीजतन वह उम्मत जो दुनिया में **अद्ल ओ इंसाफ़** को क़ायम करने के लिए बरपा की गई थी, वही आज ख़ुद दुनिया में जगह जगह अद्ल ओ इंसाफ़ की भीख माँगती फिर रही है !

अरबी मुमालिक vs मग़रिबी मुमालिक

अरबी मुमालिक:-

यहाँ एक मुग़लता दूर करना ज़रूरी समझता हों कि जो लोग **Saudi Arabia** में **Low Crime rate** की दुहाई देते फिरते हैं वह शायद भूल रहे है कि **Western countries** ने अपनी अवाम को चाहे वह मुल्की हो या ग़ैर मुल्की, जो इंसानी हुक़ूक़ (Human Right) मुहय्या करा रखे हैं वह **Saudi Arabia** या दूसरे अरबी मुमालिक ने अपनी अवाम को क़तआन नहीं दे रखे हैं, जब कोई हुकूमत अपनी अवाम उसके तमाम बुनियादी इंसानी हुक़ूक़ को अता कर देने के बाद **Law and order को Maintained** करने में क़ामयाब होती है, और एक दूसरी हुकूमत जो अपनी अवाम को ताज़ीरती क़वानीन से डराकर को **Law and order** को **Maintained** करती है जिसमें **"Human rights"** नाम की कोई शय पायी ही नहीं जाती है, दोनों में ज़मीन आसमान का फ़र्क़ होता है !

अरबी मुमालिक में ख़र्ज़ियों को वह मुक़ाम हासिल नहीं है जो वहाँ में Natives को हासिल हैं, आलमे अरब में अरबी और ग़ैर अरबी की तफ़रीक़ पायी जाती है, जहाँ माली तौर पर कमज़ूर लोगों को लफ़्ज़े "मिस्कीन" से ख़िताब किया जाता हैं, जहाँ ग़ैर अरब किसी अरबी ख़ातून का ख़ादिम बाहैसियते ग़ुलाम के तो हो सकता, लेकिन शौहर कभी नहीं हो सकता, जहाँ हुक़ूमती क़वानीन में अरब वा ग़ैर अरब में तफ़रीक़ की जाती हो, जहाँ एक शख़्स की अपनी पूरी ज़िंदिगी सर्फ़ कर देने के बाद भी उसका मुक़ाम एक ख़ारजी का ही रहेगा वह कभी भी वहाँ का शहरी नहीं बन सकता है, वह कभी भी वहाँ के मुक़ामी (अरबी) के जैसे हुक़ूक़ हासिल नहीं कर सकता, ऐसे बहुत सारे नुक़ूत हैं जोकि आलमे अरब में बुनियादी क़वानीन की हैसियत रखते हैं, हालाँकि वह इंसानी मेयार पर क़तआन खरे नहीं उतरते, बावज़ूद इसके बिलउमूम मुसलमानों में उस रियासत का मुक़ाम **"इस्लामी रियासत"** के तौर ओर जाना जाता है क्योंकि वहाँ **"इस्लाम"** के नाम पर चंद **"मज़हबी ताज़ीरीती क़वानीन"** का निफ़ाज़ है, और ऐसा सिर्फ़ इसलिए समझा वा जाना

जाता है कि हमारे उलामा ने अवाम को बताया ही यही है कि "**इस्लामी निज़ाम**" का मतलब "हाथ काटना, रज़्म करना, बुर्क़ा पहनाना, रोज़ा नमाज़ की पाबन्दी करना ही उस निज़ाम का असल मकसद है, बस जिस "**निज़ाम**" में ऐसे ताज़ीरती मज़हबी कवानीन नाफिज़ हों वह "निज़ाम" बाबरकत है और ऐसे ही "**निज़ाम**" को "**इस्लामी निज़ाम**" कहते हैं !

(इस बात की दलील के लिए अगले सफ़हात में उलामा के कुछ इक़्तेसाबात उनकी तहरीरों से नक़ल किए गए हैं !)

मुसलमानों की सऊदी सरकार खौफ़नाक ताज़ीरती क़वानीन से चलती है, और मग़रिबी मुमालिक की सरकारें हुक़ूक़े इंसानी (Human Rights) के पास व लिहाज़ के साथ चलती हैं

इसलिए इस हक़ीक़त को तस्लीम करना चाहिए कि अवाम को ताज़ीरती क़वानीन से डरा कर उनपर हुकूमत करना और अवाम पर इत्मेनान और ऐतेमाद हासिल करके उनपर हुकूमत करने में बहुत बड़ा फ़र्क़ है

मग़रिबी मुमालिक:-

यह कहावत मुसलमानों को क्यों नहीं समझ में आती है कि काग़ज़ की नाव पानी पर ज़्यादा देर तक नहीं चलती, लेकिन अगर कोई नाव पानी में लगातार चल रही है तो, इसका लाज़मी मतलब है कि वह नाव काग़ज़ की नहीं बल्कि लोहे की है !

मुसलमान क़ौम जो कि अपनी माजिदों में ज़माने से **Western countries** की तबाही की बद्दुआयें करती आ रही हैं, उन्हें मग़रिब की कामयाबी और उनके मुल्क की इस्तेक़ामत इस बात की तरफ़ सोचने को क्यों नही मजबूर करती कि उनका मुल्की निज़ाम हर हाल में उन्हीं फ़ितरी उसूलों पर मबनी होगा जो अल्लाह ने अवाम पर हुकूमत करने के लिये एक हाकिम पर मुक़र्रर कर दिये हैं, वरना ऐसा कैसे हो सकता है कोई हुकूमत ग़ैर फ़ितरी उसूलों पर इस्तेक़ामत के साथ क़ायम भी हो और साथ ही साथ उसे अवाम का कुल्ली एतेमाद भी हासिल हो जाये !

और फिर ऐसा भी नहीं कि वहाँ के आबाई रहने वालों से ही हुकूमत को एतेमाद हासिल हो, बल्कि वह लोग जो ग़ैर मुल्की हैं और वहाँ आकर बस गए हैं, या उन्होंने सियासी पनाह ले रखी है उनसे भी हुकूमत को वही ऐतमाद हासिल है ! ऐसा इसीलिए है उस निज़ाम के तयी रहने बसने वाले तमाम के तमाम लोग उस हुकूमती निज़ाम से मुस्तफ़ीद हो रहे हैं उन्हें भी वहाँ वही हुक़ूक़ उस हुकूमत से हासिल हैं, जो कि वहाँ के अबाई बाशिंदों हो हासिल हैं !

आख़िर कोई साहिबे शऊर शख़्स इन तमाम हक़ायक़ को कैसे नज़रअंदाज़ कर सकता है ? यह वह मुमालिक हैं जो कि मुल्क के अपने आबाई बाशिंदों और बाहर से आकर काम करने वाले या फिर सियासी पनाह लेने वालों में कोई फ़र्क़ नहीं करती और सभी के साथ बराबरी का सुलूक करती है, उस मुल्क में रहने वाले सभी लोगों को उनके वह तमाम बुनियादी इंसानी हुक़ूक़ हासिल हैं, जो कि उन्हें अवाम **(ख़्वास)** से लिए गये **Income Tax** के बदले में तमाम अवाम को हुकूमत मुहैया कराती है! उनका अपनी अवाम पर हुकूमत करने का यह **Criteria** इस बात का सुबूत देता है कि उनके हुकूमती निज़ाम की **नाव काग़ज़ की ना होकर लोहे की** है ! और साथ ही यह भी साबित होता है कि उनका निज़ामे हुकूमत कहीं ना कहीं उन्हीं उसूलों पर क़ायम है कि जो एक सालेह निज़ाम **(निज़ामे हक़)** के बुनियादी उसूल हैं !

यहाँ यह वाज़ेअ रहना चाहिए कि जिन लोगों को मग़रिबी मुमालिक में सिर्फ़ उर्यानियत नज़र आती है वह दरअसल यह भूल जाते हैं कि **State** में दो तरह के क़ानून होते हैं,

1. ऐसे क़वानीन कि जिसे **State** अपनी अवाम पर **Forcefully impose** करती है, और जिनकी ख़िलाफ़वर्ज़ी करने पर **State** को उनपर क़ानूनी कार्यवाही करने का पूरा हक़ हासिल होता है !

2. वह क़वानीन कि जिनका ताल्लुक़ अवाम की ज़ाती आज़ादी से है (जैसे कि शराब नोशी, नाईट क्लब वग़ैरह) उन्हें **State** कभी अपनी अवाम पर

Forcefully impose नहीं करती, बल्कि यह लोगों पर मुश्तमिल है कि वह चाहें तो इसमें **involve** हों, चाहें तो उससे दूर रहें, यानी ऐसे कक़वानीन **Directly state concern** क़तअन नहीं होते हैं, कि उन्हें **Follow** ना करने पर **State** उनपर कोई नक़्द करे !

बावजूद इसके हमारे उलमा लगातार मुस्लिम नवजवानों में किसी ख़ास निज़ाम के लिए नफ़रत का सामान जुटाने में लगे रहते है, मिसाल के तौर पर **"अल्लामा यूसुफ़ अल क़र्ज़वी"** की किताब **"इस्लामी निज़ाम एक फ़रीज़ा एक ज़रूरत"** की इन **Lines** को पढ़िए :-

"वह निज़ाम क़तई तौर पर इस्लामी निज़ाम कहलाने का मुस्तहक़ नहीं है जो शराब को क़ुबाह क़रार देता हो!"

यहाँ उन्हीं कवानीन को बुनियाद बनाकर उन्हें **"बातिल निज़ाम"** क़रार दिया जा रहा है जिन्हें कोई **State** अपनी अवाम से जबरन कभी नहीं मनवाती, यह जानते हुए भी उन क़वानीन **(Non state concern)** को बुनियाद बनाकर ऐन **(State concern)** क़वानीन को जिसपर मुल्क का निज़ाम चल रहा है, उन्हें सिरे से नज़रअंदाज़ करके उस निज़ाम को **"निज़ामे बातिला"** क़रार देना कहाँ से दुरुस्त है?

उम्मते मुस्लिमा को हक़ीक़त का सामना करना चाहिए, सिर्फ़ **"इस्लामी निज़ाम"** नाम की इस्तेलाह की चीख़ पुकार मचाने से कुछ नहीं होने वाला, जब तक कि वह इस्तेलाह अपनी तमाम ज़मीनी व बातिनी हक़ीक़तों से अरास्ता ना हो जाये !

इसलिए **"इस्लामी निज़ाम"** के क़ायाम की कोशा तमाम तहरीकों को अस्रे हाज़िर में दुनिया में क़ायम करदह तमाम निज़ामों को **निज़ामे इस्लाम** के बुनियादी उसूलों के आईने से देखना चाहिए, तभी उन्हें यह हक़ हासिल होगा कि जिससे वह यह फैसला कर सकेंगे कि कौन सा **"निज़ाम निज़ामे"** हक़ के दायरे में आता है

और कौन "**निज़ामे बातिल**" !

और यह बात भी ग़ौरेतलब है कि वह क़ौम जो अपनी मसाजिद में मग़रिबी मुमालिक की तबाही की दुआ करती आ रहे है, वह भी अगर उन मुमालिक में जाकर बसना चाहें या सियासी पनाह लेना चाहें तो वहाँ के हुक्काम उनके उस अमल को नज़रअंदाज़ करते हुए उन्हें भी तमाम इंसानी हुक़ूक़ के साथ आज भी क़ुबूल कर रहे हैं और उन्हें वही क़ानूनी हुक़ूक़ हासिल हो जाते हैं जो की वहाँ के अबाई बाशिंदों को हासिल हैं ! अगर आप उनसे पूछें कि उन्हें इस हुकूमत में क्या परेशानी है तो उनके पास उन्हें ग़लत कहने का एक भी जवाज़ नहीं होगा और वह भी यह कहने को मजबूर हैं कि उन्हें अपने वह सारे इंसानी हुक़ूक़ हासिल हैं जो कि उन्हें अपने मुल्क में भी हासिल नहीं थे ! बावजूद इसके यह बात उन्हें यह सोचने को क्यों मजबूर नहीं करती कि इस निज़ाम में ज़रूर वह फ़ितरी हक़ीक़ी उसूल शामिल होंगे कि जिसकी वजह से लोग खुशहाली के साथ ज़िंदगी गुज़र बसर कर रहे हैं और वह ख़ुद भी उस निज़ाम से मुस्तफ़ीद हो रहे हैं !

दरअसल ख़ालिक़े कायनात नुए इंसानी की फलाह चाहता है इसीलिए वह इस बात से सर्फ़ेनज़र करते हुए कि वह जिस हाकिम को किसी खित्ते का इक़्तेदार बख़्श रहा है वह उसकी उलूहियत पर ईमान रखता है कि नहीं, बल्कि उसका किसी क़ौम को दुनिया पर हुकूमत करने का हक़ देने का मेयार उस क़ौम की वह मौजूदा इस्तेदाद है जोकि उस "**निज़ाम**" को बाख़ूबी चलाने के लिए दरकार है, इसकी मिसाल ऐसी है कि अगर किसी शख़्स (मुसलमान) को अपने दिल की **surgery** करवानी है तो उसका ताल्लुक़ इस बात से क़तअन नहीं होता कि जिस **surgeon** से उसे **surgery** करवानी है उस **heart surgeon** का मज़हब क्या है ? बल्कि वह इस बात से ताल्लुक़ रखता है कि वह कितना बासलाहियत तजुर्बेकार **surgeon** है, भले ही उसका ना अल्लाह पर ईमान हो और ना उसके रसूल पर, और वह यह जानता है कि उसी के इलाज से उसे शिफ़ा मिलेगी, वही आपकी क़ामयाब **surgery** कर सकता है, ऐसा इसलिए होता है कि निज़ामे ख़ुदावन्दी के हातिम क़ानून के मुताबिक़ जिस काम के लिये जिस सलाहियत की ज़रूरत है वह काम

उसी इल्म उसी सलाहियत के ज़रिये ही तकमील पायेगा, इसका किसी शख़्स के ज़ाती "**मज़हबी अकीदे**" से लोई ताल्लुक़ नहीं है, दरअसल यही क़ानूने ख़ुदावंदी है, और अल्लाह अपनी तरीक़े को कभी नहीं बदलता, ख़ालिक़ कायनात ने फ़रमाया :-

"وَلَا تَجِدَ لِسُنَّةِ اللّٰهِ تَبْدِيلًا"

"और तुम अल्लाह की सुन्नत में कोई बदलाव नहीं पाओगे"

यह बात समझाने का मक़सद सिर्फ़ यही है कि जिस तरह **डॉक्टर** और **मरीज़** के बीच शिफ़ा का एक बुनियादी उसूल है ठीक इसी तरह **अवाम** पर **हुकूमत** करने के भी कुछ बुनियादी लाज़मी उसूल खालिक़े काएनात ने बना दिये हैं और वह उन्हें भी अपने उसूल के मुताबिक़ कभी नहीं बदलता, अब उन उसूलों पर जो कोई भी हुकूमती निज़ाम चलाएगा चाहे वह किसी भी मज़हब का मानने का वाला हो, ख़ुदा उसे ही इस्तेक़ामत अता करेगा इससे सर्फ़े नज़र करके कि वह उस पर ईमान रखता है या नहीं

वह ऐसा इसलिए करता है कि उसकी नज़र में हुक़ूक़े इंसानी हर हाल में मुक़द्दम है, अब रहा ईमान लाना, तो उस बेनियाज़ ज़ात पर इसका कोई फ़र्क़ नहीं पड़ता कौन उसपर ईमान लाता और कौन नहीं !

लेकिन अफ़सोस के साथ कहना पड़ता है कि "**इस्लामी निज़ाम**" के नाम से मौजूदा तहरीकों ने क़ुरआनी आयत वा हदीसे मुबारका की वह तर्जुमानी की जो शायद उस कलाम का असल मतन नहीं था, मिसाल के तौर पर आलमी तंज़ीम "**हिज़बुत्तहरीर**" के इस तहरीर पर नज़र डालिए जो वह अपनी किताब में बयान करते हैं :-

"ग़ैर मुस्लिमों को यह इजाज़त नहीं की वह हुकूमत में शामिल हों और ना यह जायज़ है कि वह हुक्मरानों का इन्तख़ाब करें ! इसलिए कि उन्हें मुसलमानों पर कोई

ग़लबा नहीं और ना ही बैत में में उनका कोई हिस्सा है" !

(हिज़बुत्तरीर Page No- 20)

अगर अल्लाह की मर्ज़ी व मंशा ऐसे ना होती और उसका मक़सद यही होता कि सारी दुनिया उसपर ईमान ले आये तो इन आयात :-

وَأَعِدُّوا لَهُم مَّا اسْتَطَعْتُم مِّن قُوَّةٍ وَمِن رِّبَاطِ الْخَيْلِ تُرْهِبُونَ بِهِ عَدُوَّ اللَّهِ وَعَدُوَّكُمْ وَآخَرِينَ مِن دُونِهِمْ لَا تَعْلَمُونَهُمُ اللَّهُ يَعْلَمُهُمْ ۚ وَمَا تُنفِقُوا مِن شَيْءٍ فِي سَبِيلِ اللَّهِ يُوَفَّ إِلَيْكُمْ وَأَنتُمْ لَا تُظْلَمُونَ

का इसका लाज़मी मतलब यही होता कि जो ईमान ना लाए उसे **Gun Point** पर मजबूर कर दिया जाये कि वह इस्लाम में दाखिल हो जाये, और अगर अल्लाह का मक़सद यह नहीं है तो आख़िर अल्लाह ईमान वालों को ज़बरदस्त ताक़त हासिल करने का हुक्म क्यों दे रहा है ?

अगर कोई कहता है कि इन आयात का मतलब यह है कि ताक़त हासिल करो ताकि तुमपर अगर कोई हमला करे तो तुम अपना **defend** कर सको, तब तो इस्लाम **दीन** के बजाए एक महदूद **मज़हब** बनकर रह जाएगा कि उसका मक़सद किसी तरह अपनी जान बचाना है !

हालाँकि दीन ए इस्लाम तमाम दुनिया में ग़ालिब होने के लिए आया है और क़ुरआन कहता है कि "**لِيُظْهِرَهُ عَلَى الدِّينِ كُلِّهِ**"तो इसका मतलब उस ताक़त का इस्तेमाल दीन ए इस्लाम को पूरी दुनिया में ग़ालिब करना है !

तो आख़िर वह कौन सा दीन है जिसे ग़ालिब करना है ? दीन का वह हिस्सा कि "**ईमान लाओ अल्लाह व उसके रसूल पर**", तो इसमें ताक़त का कोई इस्तेमाल ही नहीं है, अल्लाह ने ख़ुद ही मना फ़रमा दिया कि "

لَا إِكْرَاهَ فِي الدِّينِ ۖ قَد تَّبَيَّنَ الرُّشْدُ مِنَ الْغَيِّ ۚ فَمَن يَكْفُرْ

بِالطَّاغُوتِ وَيُؤْمِن بِاللَّهِ فَقَدِ اسْتَمْسَكَ بِالْعُرْوَةِ الْوُثْقَىٰ لَا انفِصَامَ لَهَا ۗ وَاللَّهُ سَمِيعٌ عَلِيمٌ

जो चाहे ईमान लाए हो चाहे कुफ़्र करे, और रसूल को मना फ़रमा दिया कि आप इनपर दारोग़ा नहीं है

فَذَكِّرْ إِنَّمَا أَنتَ مُذَكِّرٌ ۝ لَّسْتَ عَلَيْهِم بِمُصَيْطِرٍ

तो जब अल्लाह पर ईमान लाने के मामले में इंसान आज़ाद है और उसपर कोई ज़बरदस्ती आपकर नहीं सकते, तो फिर आप ग़ालिब किस दीन को करेंगे ? जब लोगों को इस बात की आज़ादी हासिल हो कि जब उनपर इतमामे हुज्जत हो जाये यानी किसी बात को हर ज़ाविये से समझाने की मुकम्मल कोशिश कर ली तो उनको उनके हाल पर क़ुरआन में मुजूद हुक्म **"لَكُمْ دِينُكُمْ وَلِيَ دِينِ"** के तहत छोड़ दिया जाये **तो ऐसी सूरते हाल में तो ग़लबा मुनकिरीने दीन का होगा ,तो फिर वह कौन सा दीन है कि जिसे ताक़त से ग़ालिब करने का हुक्म दिया जा रहा है !**

هُوَ الَّذِي أَرْسَلَ رَسُولَهُ بِالْهُدَىٰ وَدِينِ الْحَقِّ لِيُظْهِرَهُ عَلَى الدِّينِ كُلِّهِ وَلَوْ كَرِهَ الْمُشْرِكُونَ

में लफ़्ज़े **"दीन"** से मुराद वही **दीन या निज़ाम** है जिसका बुनयादी मक़सद रुए अर्ज़ पर बसने वाले तमाम इंसानो को उनकी बुनियादी इंसानी ज़रूरियात को फ़रहम कराना और इंसान को उसकी आज़ादिये हुदूद का पाबंद बनाना जिससे कि वह किसी दूसरे इंसान के हुक़ूक़ को पामाल ना कर सके, इसके लिए एक ऐसा **"दीन"** (**निज़ाम**) को क़ायम करना जिसे पिछले सफ़हात में बयान करदह उन उसूलों पर क़ायम किया गया हो ! लेकिन हमारे मुफ़स्सिरीन ने कुछ क़ुरआनी इस्तेलहों से **"इस्लामी निज़ाम"** के क़ायम हो जाने के बाद उसके तयीं रहने वाली अवाम पर लागू होने वाले कवानीन से यह ग़लत मतलब यह निकाल लिया कि बेशक किसी को इस्लाम में दाखिल करने में तो कोई ज़बरदस्ती नहीं है पर जो इस्लाम पर ईमान नहीं लाएगा उसपर इस्लामी हुकूमत ज़रूर अपनी ताक़त का इस्तेमाल करेगी और

ऐसे लोगों को **"इस्लामी निज़ाम"** तीन **Option** देगा जो इस तरह हैं :-

1- या तो वह इस्लाम क़ुबूल कर लें !

2- या फिर उनसे जंग करें !

3- या फिर उन्हें महकूम होकर इस्लामी हुकूमत को जिज़्या (Type of tax which will be implement on non muslims) देना पड़ेगा और उन्हें Islamic state में secondary citizen बनकर रहना क़ुबूल करना होगा !

इसी की तफ़सील के ज़िमेन में इस्लामी निज़ाम में "**ग़ैर मुस्लिमों (ख़ास तौर पर यहूद व नसारा)** के मुक़ाम की वज़ाहत **सैयद अबुल आला मौदूदी** साहब तफ़हीमुल क़ुरआन में **सूरह तौबा** की आयात में करते हुए फ़रमाते हैं:-

"यानि लड़ाई की ग़ैयत यह नहीं है की वह ईमान ले आयें और दीन हक़ के पैरू बन जायें, बल्कि उसकी ग़ायत यह है कि उनकी ख़ुदमुख़्तारी वा बालादस्ती ख़त्म हो जाए,वह ज़मीन पर हाकिम व साहिबे अमीर बनकर ना रहें बल्कि ज़मीन के निज़ामे ज़िंदिगी की बागें और फ़रमांरवाई व इमामत मुत्तबियींन दीन हक़ के हाथों में हो **और वह उनके मातहत (Secondary citizen) ताबेअ व मुतीअ बनकर रहें"** ! (तफ़हीमुल क़ुरआन, 9:29 हाशिया-28)

मशहूर मुफ़स्सिरे क़ुरआन **"डा॰ इसरार"** साहब भी अपने दुरूस में इन आयात की तफ़सीर बयान करते हुए यही फ़रमाते हैं कि **"इस्लामी रियासत में ग़ैर मुस्लिमों को Secondary citizen बनकर रहना क़ुबूल करना होगा ! इस्लामी रियासात उन्हें तीन Option देगी 1-या ईमान ले आयें, 2- या जंग करें, 3- या फिर रियासत में Secondary citizen बनकर रहें और State को जिज़्या" अदा करें !**

जब माज़ी से लेकर हाल तक के तमाम मुफ़स्सिरीन क़ुरआनी आयात की यही तर्जुमानी करते आये थे तो इसका लाज़मी नतीजा यही हुआ कि मुसलमान हुक्काम

ने इसी को इस्लाम समझा, और क्योंकि साथ यह भी तालीम दी गई कि **इस्लामी निज़ाम** जब किसी एक खित्ते में क़ायम हो जाए तो उसे **Expand** करने के लिए फिर दूसरे मुक़ाम पर कोशिश की जाएगी, जिससे फिर यही तीनों उसूल इस्लामी निज़ाम में **State** के **expansion** के ज़ेमिन में शामिल कर लिये गए, यह बात समझे बग़ैर कि **Expansion of Islamic state** का **basic cause** क्या है? और आख़िर क़दीम ज़मानों में इस्लामी हुकूमतों ने अपनी हमसाया हुकूमतों को अपने ज़ेर क्यों किया ? आख़िर यह हक़ उन्हें किसने दिया कि वह किसी दूसरी सल्तनत पर हमला करके उसे अपने अधीन कर लें ?

हमारे उलामा के ज़रिए "**इस्लाम**" की गई इस "**मज़हबी**" तर्जुमानी ने अवाम का एक ख़ास ज़हन बना दिया, जिससे फिर दौरे हाज़िर में उन वाक़यात को जो कुरुने अव्वल में "**इस्लामी सल्तनतों**" का अपनी हमसाया हुकूमतों के साथ पेश आया था, उसकी हक़ीक़त को समझे बग़ैर "**इस्लामी तंज़ीमों**" और मजमुई तौर पर **अवाम** में भी फिर यही समझा जाने लगा कि वह तमाम **इस्लामी फ़ुतूहात** जो तारीख़ की किताबों में "**इस्लामी निज़ाम**" की तफ़सील में बयान की गईं है वह सब उस इस्लामी सल्तनत को महज़ **वसीअ** करने के की ख़ातिर की गईं थी, क्योंकि उनके ज़हनो दिमाग़ में बस यही पेवस्त हो चुका था कि रुए अर्ज़ पर "**हुकूमत**" करने का हक़ तो सिर्फ़ "**मुसलमानों**" को है, और इसीलिए माज़ी की उन हुक़ूमतों ने अपनी हमसाया हुकूमतों पर चढ़ाई करके फ़तह हासिल की थी!

" हालाँकि हक़ीक़त इसके बिलकुल बरअक्स थी" !

सहाबा के ज़रिये जिन हुकूमतों को भी **Challenge** किया गया उसका मक़सद अपनी सल्तनत को बढ़ाना मक़सूद ना था बल्कि उनके ज़ेरे नज़र उस मौजूदह **ज़ालिम हुकूमत** को इसलिए उखाड़ फेंकना था क्योंकि उस ज़ालीमाना निज़ाम ने अपनी अवाम के वह बुनियादी हुक़ूक़ सल्ब कर रखे थे जिसका मिलना उस अवाम का बुनियादी हक़ था, और अवाम उस **ज़ालिमाना निज़ाम** के तसल्लुत से कराह रही थी, तब दरअसल इस्लाम जो कि तमाम इंसानों की सलामती के लिए आया है वह इस्तेदाद रखने के बावजूद अपने क़ुर्ब व जवार में रहने वाले लोगों के दुख दर्द

के लिए (**violation of human right**) कैसे ख़ामोश रह सकता था और वह उस ज़ालिम हाकिम को उसके ज़ुल्म से बाज़ रखने के लिए कोई एक़दाम कैसे ना करता ?

दरअसल हकीकत यह है कि जब कुछ ग़ैर क़ुरआनी उसूलों ने क़ुरआनी उसूल का मुक़ाम इस तरह हासिल कर लिया कि जब क़ुरआन जैसी अज़ीम किताब जो कि दुनिया के तमाम इंसानों के फ़लाह व बहबूद के लिये नाज़िल हुई थी, उस अफ़ाक़ी किताब को जब एक मख़्सूस ज़हनियत और महदूद ज़ाविये के साथ पढ़ा जाने लगा और फिर उन्हीं महदूद ज़ाविये ने उसूले तफ़सीर का मुक़ाम हासिल कर लिया और यह मुसल्लमा उसूल बना दिया गया कि अब क़ुरआन को इन्हीं उसूलों से समझा जाएगा इससे बाहर अगर कोई मायना या मतलब फ़ी ज़माना भले ही कितना मौज़ुअ क्यों ना हो, उसे किसी भी भी हाल में क़ुबूल नहीं किया जाएगा और अगर कोई क़ुरआन की शरह को इन उसूलों से हटकर बयान करेगा तो उसे गुमराह क़रार दिया जाएगा !

जिसके नतीजे में क़ुरआनी फ़हम ज़ंग आलुदह हो गया फिर क़दीम ज़माने में जिस किसी ने क़ुरआन की जो शरह बयान की थी उन्हीं को अस्रे हाज़िर तक अपने अपने तरीक़ों से दोहराया जाता रहा!

“मौजूदह तमाम कुरानी तफ़ासीर इसकी ज़िंदा मिसाल है”

सूरह तौबा

ख़ालिके कायनात ने क़ुरआन में **सूरह तौबा** नाज़िल करके उसकी इब्तेदाई आयात में रियासत और अवाम के बीच एक दूसरे के तयीं लाज़िम होने वाले ज़िम्मेदारियों व रियासत की इस्तेक़ामत और उसकी **sovereignty** के वह उसूल अता फ़रमा दिये जो नुज़ूले वही के दौर में रुए अर्ज़ पर किसी खित्ते में सिरे से पाये ही नहीं जाते थे !

दरअसल यह रहनुमाई का वह अमल था जिसे कि ख़ालिक़ अपनी सुन्नत के मुताबिक़ उस वक़्त नाज़िल फ़रमाता है कि जब ऐसे उमूर का शऊर अवाम में सिरे से पाया ही ना जाता हो और अवाम उनसे सिरे से नाआशना हो गई हो, ऐसी सूरत में ख़ालिक़ अपने नायबीन "**अंबिया**" के ज़रिए खित्ताये अर्ज़ पर उन उसूलों व क़वानीन का नुज़ूल फ़रमा कर इंसानों को उन ज़वाबित का इल्म अता फ़रमाता है कि जिससे रुए अर्ज़ पर बसने वाले तमाम इंसाम इस्तेफ़ादा कर सकें और उनके बीच वाक़ेए होने वाले तमाम मामलात का हाल हो सके, और इस मक़सद के तयी ख़ालिक़ ने **सूरह तौबा** नाज़िल फ़रमाई जिसकी इब्तिदाई आयात हमें उन तमाम उसूलों से आशना करती हैं कि हाकिम और उसकी हाकिमियत व उसके ज़रिए क़ायम करदह हुकूमत किस तरह एक मुस्तहकम **State** की तरह क़ायम व दायम रह सकती है,

ख़लीक़े कायनात के नायब (रसूल०) ने जब रुए अर्ज़ पर ज़ालिमाना निज़ाम (जिसके ज़ुल्म व जब्र से इंसानियत कराह रही थी) का ख़ात्मा करके आदिलाना निज़ाम क़ायम किया जिसके बुनियादी उमूर इंसानी हुक़ूक़ के उन्हीं चार उसूलों पर मबनी थे, जिस निज़ाम को इंसानियत की बक़ा के लिए क़ायम किया गया था, तो शर पसंदों ने उस आदिलाना निज़ाम के ख़िलाफ़ बग़ावत की, क्योंकि इससे उनकी चौधराहट का ख़ात्मा हो रहा था, और हर इंसान को उसकी **Human values and dignity** के साथ जीने का हक़ हासिल हो रहा था, जब उन्होंने इंसान को अपना ग़ुलाम बनाकर उसके तमाम बुनियादी इंसानी हुक़ूक़ सल्ब कर रखे थे, और

ज़ुल्म की इंतिहा यहाँ तक कि उस ज़ालीमाना निज़ाम के ख़िलाफ़ किसी को आवाज़ बुलंद करने का भी हक़ हासिल ना था, ऐसे में जब रहमते आलम (सल०) ने उसके बिल्कुल बर्ख़ेलाफ़ इंसानी मफ़ादात पर मबनी निज़ाम की बुनियाद डाली तो शरपसंदों ने अल्लाह के उन क़वानीन को जिसका ताल्लुक़ **हुक़ूक़ुलएबाद** से था, मानने से इनकार कर दिया, तो ज़ाहिर सी बात है कि इस बग़ावत को इंसानी मफ़ादात के हक़ में किसी भी सूरत में बर्दाश्त नहीं किया जा सकता था, यह क़ुरआन के हुक्म "إِنِ الْحُكْمُ إِلَّا لِلّٰهِ"(इंसानी हुक़ूक़ के क़वानीन में ख़ालिक़ किसी को मदाख़िलत की इजाज़त नहीं देता), से बग़ावत थी, जिसे कुरानी इस्तेलाह में उस क़ानून को ना मानकर उसकी जगह अज़ख़ुद बनाये होए ज़ालीमाना क़वानीन की पैरवी करना, दरअसल ख़ालिक़ के क़ानून के साथ शिर्क करना था, जिसकी बुनियाद पर क़ुरआन ने ऐसे लोगों को **मुशरिकीन** से ताबीर किया, और ऐलान किया कि अगर तुम्हें इस आदिलाना निज़ाम के तहत रहना है तो बहुत अच्छा, लेकिन अगर तुम्हें यह आदिलाना निज़ाम नहीं पसंद है तो तुम्हें हम मौक़ा अता कर रहे हैं कि जिससे अगर तुम्हारे अंदर इस निज़ाम से मुतल्लिक कोई **Confusion** है तो तुम उसे दूर कर सकते हो, हम तुम्हें **चार महीनों** का वक़्त अता कर रहे हैं, और चार महीने का वक्त किसी भी मुश्किल क़ानून को समझने के लिए काफ़ी होते हैं लेकिम ख़ालिके कायनात की रहमदिली की वह अपने बंदों को इतमामे हुज्जत के तमाम मवाक़ेअ फ़राहम किए बग़ैर कोई पकड़ नहीं करता, इसलिए ख़लीक़े कायनात ने ऐसे बाग़ियों के लिए **State** को हुक्म फ़रमाया कि इन्हें सिर्फ़ वक़्त ही नहीं बल्कि **State** को ऐसे दानिशमन्द लोगों का **Panel** भी **Provide** कराना होगा जिनके ज़रिये अगर इनमें इन क़वानीन से मुतल्लिक जो भी **Confusion** पाया जाता है हो तो यह उसे दूर कर सकते हैं, और फिर इस बात को समझने के लिए कि इन क़वानीन के मान लेने में तुम्हारा कोई नुक़सान नहीं है बल्कि अगर तुम अपनी सलिमुल फ़ितरत अक़्ल से सोचने समझने की कोशिश करो तो तुम इस **Panel** के ज़रिये अपने तमाम इश्कालात को बाआसानी दूर कर सकते हो, क्योंकि यह वह फ़ितरी क़वानीन हैं जिसका पाबंद हर इंसाफ़ पसंद इंसान को होना ही चाहिए, यही वह नज़्मे इंसानी है कि जिससे समाज का हर कमज़ोर शख़्स भी अपने तमाम बुनियादी इंसानी हुक़ूक़

के साथ बाआसानी ज़िन्दिगी गुज़र बसर कर सकता है, इसलिए इससे बग़ावत करना इंसानियत से बग़ावत करना है तो लमुहाला ऐसी बग़ावत को किसी भी हाल में बाक़ी नहीं रख्खा जा सकता !

इसके बावजूद भी अगर वह बग़ावत पर ही क़ायम रहते हैं तो भी क़ुरआन उन्हें फिर एक और मौक़ा फ़राहम करने का ऐलान करता है, कि अगर उन्हें हमारे यह उसूल और क़वानीन जो सरासर इंसानी हुक़ूक़ की ख़ातिर हैं, बावजूद इसके फिर भी उन्हें क़ुबूल नहीं है तो उनके पास यह भी **Option** है तो वह हमारी हुदूद से बाहर किसी और मुल्क में जाना चाहें तो हम उन्हें सिर्फ़ इजाज़त ही नहीं बल्कि उन्हें **Safety and security** मुहय्या करवा कर उस मुल्क की हुदूद तक छोड़ भी देंगे, **लेकिन कोई State ऐसा कैसे गवारा कर सकती है कि लोग मुल्क में Citizen की हैसियत से रहें भी और साथ ही मुल्क के Constitution से कुल्ली या ज़ुज़वी तौर पर बग़ावत पर उतारू हों ? तो लामुहाला State की बका की ख़ातिर इस बग़ावत को किसी भी क़ीमत पर बरदाश्त नहीं किया जा सकता !**

क़ुरआनी आयात ने सूरह तौबा के तहत ऐसे बाग़ियों के लिए ऐलान कर दिया कि उनके पास सिर्फ़ चार महीने हैं, और अगर इसे भी उन्होंने अपनी जेहालत से ज़ाये कर दिया तो वह ख़ुद ही इसके ज़िम्मेदार होंगे, क़ुरआन ऐसे बाग़ियों को जो इंसानियत के दुश्मन हैं जो नहीं चाहते कि इंसान अपने तमाम बुनायदी इंसानी हुक़ूक़ के साथ आज़ादी की ज़िंदगी गुज़ारे, उन्हें तमाम मवाक़े फ़रहम करने के बाद **State** से बग़ावत के जुर्म में सज़ाए मौत का ऐलान करता है, और **Defence ministry** को यह हुक्म देता है कि वह **Intelligence agencies** को यह हिदायत दे कि वह हमावक़्त **State** में रहने वाले ऐसे **Traitors of the state** की घात में रहें, यह जहाँ भी मिल जायें इन्हें **State** के सिपुर्द किया जाये !

क़ुरआन ने ऐसे ज़ालिम के लिये जो इंसानियत के दुश्मन हैं,जो लोग समाज में Judiciary, Human right, Social equality and Taxes paid to the government against public services के मुख़ालिफ़ हैं

और वह इन उमूर को समाज में अपनी चौधराहट के ख़ात्मे के डर से किसी भी क़ीमत पर क़ायम नहीं होने देना चाहते, तो क़ुरआन ने ऐसे लोगों को इंसानियत की बक़ा के लिये समाज से नेस्त नाबूद करने का हुक्म दिया !

यह वह क़वानींन थे जो कि एक मुस्तहकाम **State** के वुजूद वा उसकी बक़ा के लिए नाज़िल फ़रमाए गए थे, लेकिन जान उन मुबारक आयात को उस ज़ेमिन में ना समझकर जिसके तयीं वह नाज़िल की गई थी, उनकी मज़हबी तर्जुमानी की गई तो वही आयात जो इंसानों के लिए नफ़ाबख़्श थीं, एक ख़ास तबक़े के लिए मुसीबत बन गयीं, इस बात से सर्फ़ेनज़र करते हुए कि क़ुरआने करीम जो कि अफ़ाक़ी और अबदी कलाम है और यह कलाम ख़ालिक़ की तरफ़ से तमाम इंसानो के लिए बाइसे रहमत भी है तो उस कलाम में कोई ऐसा हुक्म कैसे नाज़िल हो सकता है जिसमे कि किसी ख़ास तबक़े, क़ौम को हलाक करने या उन्हें **Secondary citizen** बनाकर रखने जैसे अहकामात जारी किए गए हों? हालाँकि उन आयात की तर्जुमानी करने में ज़दीद मुफ़स्सिरीन ने काफ़ी तावील करने की नाकाम कोशिश की है लेकिन फिर भी बहरहाल कोई मुसबत नतीजा नहीं निकल पाया, क्योंकि अगर किसी अम्र की असल हकीकत को तब्दील कर दिया जाए तो फिर चाहे उसकी लाख तावील कर ली जाए फिर भी वह बिलउमूम अवाम में मकबूल नहीं हो पाती !

सच्चाई यह है कि जब आप किसी एक बात को साबित करने में एक मनघड़ंत बात को शामिल कर लेते हैं तो उस बात की सदाक़त और असल तो कहीं खो ही जाती है बल्कि फिर उसे **Justify** करने के लिए तमाम दूसरे मनघढ़ंट वाक़यात, रिवायत का सहारा भी लेना पड़ता है, उसके बाद भी क्योंकि वह बात ही **Fabricated** है इसलिए आप उसे दुनिया में **Recognise** फिर भी करवा पाने में कामयाब नहीं हो पाते हैं, ऐसा होता ही इसलिए है कि जब आप किसी अफ़ाक़ी कलाम के मतन में ज़रा सी भी तब्दीली कर देते हैं तो यह बिल्कुल ऐसे ही है कि जैसे किसी **Perfect device** के किसी एक **Component** को अगर **Disturb** कर दिया जाए तो उसकी **Perfectness** बाक़ी नहीं रहती ठीक इसी तरह क़ुरआने करीम जो कि एक **Perfect** कलाम है अगर उसकी तर्जुमानी में भी कोई ऐसी ख़ता

की जाएगी तो लामुहाला उसका नतीजा मुसबत निकले यह हो नहीं सकता !

ऐसा ही कुछ क़ुरान की **सूरह तौबा** की आयात के साथ किया गया, उसकी वज़ाहत से पहले उन आयात की कुछ इस्तिलाहात की तफ़सीली वज़ाहत ज़रूरी है:-

मुशरिक:-

दीन ए इस्लाम में ख़ालिके कायनात की ऐसी सिफ़त जो कि सिर्फ़ और सिर्फ़ उस ख़ालिक़ के लिए ख़ास हैं, यानि ख़ालिक़ की ऐसी सिफ़त कि जिसका जुज़ भी उसने किसी मख़लूक़ को अता नहीं किया, ऐसी सिफ़ते ख़ास्सा में इंसान अपने आपको या किसी दूसरे को अगर शरीक करेगा तो इसे अल्लाह की जात में शिर्क करना कहते हैं !

ख़ालिक़ की दो सिफ़तें ख़ास ऐसी हैं कि जिसका हामिल वह किसी को क़रार नहीं देता !

1-उलूहियत

2-हुक्म

इसके अलावा ख़ालिके कायनात ने अपनी तमाम सिफ़तों का **जुज़** अपनी मख़लूक़ को भी अता किया है, मिसाल के तौर पर अल्लाह देखता है तो इंसान भी देख सकता है, वह सुनता है तो इंसान भी सुन सकता है, इसके अलावा इंसान की कुछ इख़्तेयारी सिफ़तें हैं जैसे अल्लाह क़हहार है तो उसने इंसान को यह इख़्तेयर दिया है कि वह भी ग़ुस्सा कर सकता है, अल्लाह मुन्सिफ़ है तो इंसान भी इंसाफ़ करता है, ऐसे बहुत सी मिसालें हैं जो हक़ीक़ी तौर पर तो दरअसल ख़ालिके कायनात की सिफ़तें हैं, लेकिन उसने अपनी उन सिफ़तों का ज़र्रा हज़रते इंसान को भी अता किया है, लेकिन सिवाये उन दो सिफ़तों के जो ऊपर बयान की गयी हैं

उलूहियत और **हुक्म** ख़लीक़े कायनात की दो ऐसी सिफ़तें हैं कि जिसको ज़र्रा बराबर भी उसने ना तो तख़लीक़ी तौर पर और ना ही इख़्तेयरी तौर उसने अपनी किसी मख़लूक़ को यह इजाज़त नहीं बख़्शी की वह उसकी इन दो सिफ़तों में ख़ुद अपने आपको या किसी और को उसके साथ शरीक करे, और अगर उसने ऐसा किया तो वह इसे जुर्मे अज़ीम से ताबीर करता है।

इसके लिया उसने क़ुरआन में दो सरीह आयात नाज़िल फ़रमायी !

" لا إله إلا الله "

" إن الحكم إلا لله "

यह क़ुरआन के दो ऐसे **Article** हैं जिसके **Violation** करने से इंसान **मुशरिक** की **Category** में आ जाता है !

अल्लाह के सिवा किसी और (मख़लूक़) की पूजा परस्तिश करना, किसी और को अपना ईलाह मानना, या किसी मख़लूक़ में उलूहियत का अक़ीदा रखना सब शिर्क की **Category** में आता है, ऐसा करने वाला शख़्स चूँकि क़ुरआन के उस **Basic article** "لا إله إلا الله" को **Violate** कर रहा होता है इसलिए ऐसे शख़्स को क़ुरआन की इस्तेलाह में "**मुशरिक**" कहा जाता है !

ठीक इसी तरह जब कोई शख़्स अल्लाह के नाज़िल करदह **क़ानून** के साथ ख़ुद अपने बनाए होए या दूसरे इंसानों के बनाये होए क़वानीन की पैरवी करता है, तो वह चूँकि क़ुरआन के दूसरे बुनियादी **Article** "अल्लाह के सिवा किसी का हुक्म नहीं" को **Violate** कर रहा होता इसलिए ऐसा शख़्स भी कुरानी इस्तेलाह में "**मुशरिक**" कहलायेगा !

यानी क़ुरआनी फ़लसफ़े के मुताबिक़ मुशरिकों की दो **Category** है :-

1-वह जो उसे वादहु ला शरीक नहीं मानती !

2-वह जो इंसानी मफ़ादात के क़वानीन के बाग़ी हैं !

लेकिन बदक़िस्मती से हमारे मुफ़स्सिरीन ने क़ुरआन में जहां जहां भी लफ़्ज़े "**मुशरिक**" का ज़िक्र होआ है, उन तमाम की तमाम जगह उसका मायना सिर्फ़ और सिर्फ़ एक ही तरह के यानि पहली **Catagory** के मुशरिकीन से किया है, यानि अल्लाह की उलूहियत में शिर्क करने वाले लोग !

नतीजतन जहाँ कहीं भी दूसरी **Category** के (यानि "शिर्क फ़िल हुक्म का इर्तक़ाब करने वाले लोग) के लोगों का तज़किरा किया जा रहा था वहाँ भी लफ़्ज़े "**मुश्रिक**" से मुराद उसी पहली **Category** के लोगों को समझा गया जो कि को क़ुरआनी आयत "सल्तनत सिर्फ़ अल्लाह के लिए है" को **Violate** करने की पदाश में मुशरिक कहलाये गए थे !

क़ुरआन की सूरह तौबा की आयात में जहां मुशरिकीन के क़त्ल की बात की गई है, वह दरअसल उन बाग़ियों की बात कर रहा है जो की State क़ायम हो जाने के बाद Implementation of the constitution in the state in the term of human values and dignity के बाग़ी हैं ! क़ुरआन उन्हें इंसानी मफ़ादात पर मबनी क़वानीन (हुक़ूक़ुलएबाद) से बग़ावत करने की पादाश में मुशरिकीन का लक़ब देता है और उन्हें Traitor of the state क़रार देता है !

इसके बरअक्स क़ुरआनी इस्तेलाह "मुश्रिक" की इस क़द्र भद्दी तर्जुमानी की गई कि वह पाकीज़ा कलाम दूसरों की नज़र में नफ़रत और क़त्ल ओ ग़ारत फैलाने वाला कलाम के नाम से जाना जाने लगा !

जिसका नतीजा यह हुआ कि जब दूसरी क़ौमो ने क़ुरआनी आयात का मुताला किया तो उनका "**कुरआन, इस्लाम और मुसलमानों** के ख़िलाफ़ नफ़रत का पैदा हो जान एक फ़ितरी सी बात है !

ऐसा इसीलिए हुआ कि जब कुरआन किसी क़ौम की बुराई बयान करने वाली

या उस क़ौम के ख़ास लोगों के तयीं ईमान वालों में नफ़रत पैदा करने वाली किताब हरगिज़ हरगिज़ नहीं है और वह अपने कलाम में ग़ैर मुस्लिमों के मुतल्लिक़ फ़रमा चुका है कि "**इनके माबूदों को बुरा भला मत कहो**"

लेकिन फिर भी इसके बरअक्स हमारे मुफ़स्सिरीन हों या तहरीके इस्लामी के क़ायदीन सभी ग़ैर मुस्लिमीन (मुश्रीकीन) की तर्जुमानी इस मायनों में वह बुत परस्ती करते है इन बुरे अल्फ़ाज़ो में करते हैं कि ऐसा लगता है कि यह कोई अफ़ाकी कलाम ना होकर सतही बाते बताने वाला कोई मामूली कलाम है (ना औज़ूबिल्लाह) !

मिसाल के तौर मुफ़स्सिरीन की बयान करदह इन अयात की तर्जुमानी पर नज़र डालिए :-

"إِنَّمَا الْمُشْرِكُونَ نَجَسٌ"

तर्जुमा:-

1- ऐ ईमान वालों बेशक मुश्रीकीन **पलीद** हैं (यूसुफ अल क़र्ज़ावी)

2- ऐ ईमान वालों मुश्रिक तो सरापा **निजासत** हैं (ताहिरुल क़ादरी)

3- ऐ ईमान वालों मुश्रिकीन तो **नापाक** हैं (अबुल आला मौदूदी).

क़ुरआनी आयात की यह तर्जुमानी साफ़ तौर ओर यही बयान कर रही हैं कि जिस शख़्स को "**नाजिस और पलीद**" कहा जा रहा है वह शख़्स सिर्फ़ इसी वजह से **नाजिस** और **पलीद** कहला रहा है कि उसने अल्लाह को छोड़कर दूसरों को अपना **माबूद** (ईलाह) बना रखा है, आख़िर उसका उन दूसरे "**माबूदों**" से मुंसालिक होने की वजह से ही तो उन्हें यह बुरे अलक़ाब दिए जा रहे हैं, तो क्या इसका लामुहाला यह मतलब नहीं निकला कि आप यह कह रहे हैं कि वह जिनको अपना "**माबूद**" (ईलाह) मानता है वह "**नाजिस और पलीद**" हैं ! क्योंकि यह तो बिल्कुल ना मानने वाली बात है कि जिनसे "**अक़ीदत**" रखने की वजह से उनके

नज़रिये या **अक़ीदे** को इन बुरे अल्क़ाब से नवाज़ा जा रहा है यह बात उनपर यानि उनके बुतों पर मंसूब नहीं होती, हम तो बस उन्हें नाजिस और पलीद कह रहे हैं जोकि यह नज़रिया रखते हैं, नाकि उन "**माबूदों**" को ! यहतो सरासर बेवक़ूफ़ बनने वाली बात है जिसे कोई अक़्ल रखने वाला किसी भी क़ीमत पर नहीं मनेगा

हालांकि क़ुरआन की आयत में **सूरह अल-अनआम (6:108)** के तहत भी यही हुक्म दिया गया है:

"وَلَا تَسُبُّوا الَّذِينَ يَدْعُونَ مِن دُونِ اللَّهِ"

"और तुम लोग उन्हें गाली मत दो,जिन्हें वे अल्लाह को छोड़कर पुकारते हैं"

क़ुरआनी आयात की मुफ़स्सिरीन के ज़रिए की गई तर्जुमानी तो ख़ुद ही क़ुराआनी उसूलों से टकराती है, तो लामूहाला क़ुरआन के कहने का मतलब वह तो क़तआन नहीं हो सकता जोकि यह मुफ़स्सिरीन और तहरीके इस्लामी के सरबराह कर रहे हैं ! क़ुरआनी आयत:- :

- **يَا أَيُّهَا الَّذِينَ آمَنُوا إِنَّمَا الْمُشْرِكُونَ نَجَسٌ فَلَا يَقْرَبُوا الْمَسْجِدَ الْحَرَامَ بَعْدَ عَامِهِمْ**

(ऐ ईमानवालों बिलाशुभहा मुश्रीक़ीन नाज़िस है इसलिए साल के बाद यह मस्जिदुल हराम (Parliyament of the state) के क़रीब भी ना फटकने पायें)

हालाँकि हकीकत यह है कि क़ुरआन की सूरह तौबा की **आयत 09:28** जिन "**मुश्रिकों**" को "**नज़सुन**" यानि "**नापाक**" कह रहा है यह वह "**नापाक**" लोग हैं जोकि ख़ालिक़ की "**हाकिमियत**" में शिर्क करते है यानि वह लोग जो इंसानी मफ़ादात पर मबनी, इंसानी फलाह व बेहबूद के क़वानीन के सरीह बाग़ी है, वह **State** में रहते हुए **State** के उन क़वानीन के तयीं अपने दिलों में बुग्ज़ रखते है, ऐसे लोग दरअसल "**इंसानियत के दुश्मन**" हैं, ख़ालिक़ ऐसे लोगों को **Identify**

करके उन्हें बाक़ी **Sate** में रहने बसने वाले इंसानों और **state** की हिफ़ाज़त के मद्देनज़र **"Traitor of the state"** करार देकर **State** के हर उस मुहकमे से उनके अमल ओ दख़ल को मुतलक़न ममनूअ क़रार देता है हैं जोकि **Governance of the soverign state** के इदारे हैं, **इस्लामी निज़ाम** ऐसे लोगों को **State** के लिए **Threat** मानते हुए **Defence ministry of the State** को हुक्म देती हैं कि वह ऐसे मुजरिमों को उन इदरों के क़रीब भी ना फटकने दें जहाँ से उस **"सालेह निज़ाम"** की निज़ामत चलाई जाती है ! रियासत जोकि अवाम की जान माल की हिफ़ाज़त की ज़िम्मेदार है और क्योंकि ऐसे लोग कभी रियासत के वफ़ादार नहीं हो सकते, इसलिए क़ुरआन का रियासत को ऐसा गुक्म देने का मकसद महज़ रियासत और अवाम की हिफ़ाज़त करना है !

क़ुरआन जोकि अफ़ाकी कलाम है उसकी आयत की अफ़ाकी तर्जुमानों के बजाए **"मज़हबी तर्जुमानी"** की जाने की वजह से क़ुरआनी इस्तेलाह **"मुश्रिक"** जोकि इंसानों में **"हुक़ूक़ुलऐबाद"** से मुतल्लिक़ थी, **"हुकूकुल्लाह"** में तब्दील हो गई जिससे लामुहाला उसका इतलाक़ ग़ैरमुस्लिमों पर होने लगा, जिससे नतीजतन वह अफ़ाकी कलाम अपनी अफ़ाक़ियत से गिरकर लोगों में मज़हबी तफ़रीक़ की बुनियाद पर उसके मानने वालों को हिदायात देने वाला आम कलाम बनकर रह गया !

यहाँ इसे मिसाल के तौर पर **मुफ़्ती तक़ी उस्मानी** की क़ुरआन की सूरह तौबा की शरह की इस तहरीर से बाख़ूबी समझा जा सकता है :-

"मुश्रीकीन को चार महीनों की मोहकत दी गई जिसमे अगर वह इस्लाम क़ुबूल ना करें तो उन्हें जज़ीरतुल अरब छोड़ना पड़ेगा वरना उन्हें जंग का सामना करना होगा, और मस्जिदे हराम को बुत परस्ती की हर निशानी से पाक करने का ऐलान किया गया है, इस हदफ़ के पूरा होने के बाद जज़ीरतुल अरब की **मुकम्मल सफ़ाई** का दूसरा मरहला **यहूदियों** व **ईसाइयों** को वहाँ से निकालने का था" !

यहाँ **"मुकम्मल सफ़ाई"** किए जाने का क्या मतलब है ?

आज के इस दौर में इसकी सही तर्जुमानी "**Ethnic cleansing**" नहीं होगी तो क्या होगी?

जब यही **Term** किसी **ग़ैर मुस्लिम** हुकूमत के ज़रिए "**मुसलमानों**" के लिए इस्तेमाल किया जाता है तो हम उसे मुसलमानों के साथ किए जा रहे **Religious discrimination and Violation of human rights** से ताबीर करते हैं ! हालाँकि हक़ीक़त यह है कि हमारी तहरीरें ही हमें बता रही हैं कि शायद मज़हबी तौर पर इन इस्तेलाहात के मोजिद हम ही हैं और आज हमारी ही ईजाद करदह इस्तेलहात वा **Policy** हमारे ही ख़िलाफ़ होती हमें दिखाई दे रही हैं !

इसे दूसरी जगह "**खुमैनी**" साहब की किताब "**हुकूमते इस्लामी**" में क़ुरआनी इस्तेलाह "**जिज़्या**" की तर्जुमानी में देखा जा सकता है !

"अहले किताब (**यहूद व ईसाई**) की अक़्लीयत जो हुकूमते इस्लामी के ज़ेरे हिमायत हो उनपर "**खुम्स या ज़कात**" लागू नहीं होती और ना मुल्क की मुसल्लाह दिफ़ा उनपर लाज़िम है मगर क्योंकि मुल्क की तशकीलाते इंतज़ामी व अदारी से मुसलमानों की तरह यह भी फ़ायदा हासिल करते हैं इसलिए मर्दों पर इनकी आमदनी पर एक बहुत ही मामूली सा **Tax** लाज़िम क़रार दिया जाता है, उसी को "**जिज़्या**" कहते हैं " (हुकूमते इस्लामी,Page No-20)

क्या यह क़ुरआन की कोई अफ़ाक़ी और मुंसिफ़ाना तर्जुमानी लगती है जैसा कि मुंदरजबाला आयात के ज़िमिन में वा **इमाम ख़ुमैनी साहब** की किताब में बयान किया जा रहा है ? क्या यह तर्जुमानी इंसानों में मज़हबी **Discrimination** को साबित नहीं कर रही हैं ? और फिर क्या क़ुरआनी आयात की ऐसी तर्ज़ुमानी करना क़ुरआन की अफ़ाक़ियत और उसका नूए इंसानी के लिए रहमत होने को **Challenge** नहीं करता ?

मुफ़स्सिरीन और **तहरीके इस्लामी** के सरबराहों के ज़रिए की गई इस भद्दी तर्जुमानी करने के बाद भी बड़े ताजुब की बात है कि कैसे **Western countries**

ने मुसलमानों को अपने मुल्कों में पनाह (**Refugee**) दे रक्खी है, वरना हक़ तो यह था वह यह कहते कि जब तुम (मुसलमान) ग़ैर मुस्लिमों को "**पलीद व नजिस**" समझते हो और हमारे लिए (अहले किताब) "**जिज़्या**" आयद करने वाला क़ानून रखते हो, तो फिर तुम्हारा यहाँ क्या काम है ? और फिर हम तो तुम्हें **Refugee** देकर तुम्हें अपने **Natives** जैसे तमाम हुक़ूक़ भी दें, लेकिन इसके बरअक्स तुम्हारा नज़रिया तो यह है कि जिस दिन तुम्हें ताक़त वा हमपर इक़्तेदार हासिल हो गया तो तुम तो हमें **Secondary citizen** बनाकर हमपर "**जिज़्या**" आयद करोगे !

जिज़्या

"जिज़्या" क़ुरआनी इस्तेलाह है, जो कि इस्लामी निज़ाम में रहने वाले शहरिओं के एक ख़ास तरह के तबक़े पर उनकी बदबख़्ती की वजह से आयद किया जाता है!

उस गिरोह के बारे में क़ुरआन ने सूराह तौबा ने तज़किरा करते हुए फ़रमाया :-

"قَاتِلُوا الَّذِينَ لَا يُؤْمِنُونَ بِاللَّهِ وَلَا بِالْيَوْمِ الْآخِرِ وَلَا يُحَرِّمُونَ مَا حَرَّمَ اللَّهُ وَرَسُولُهُ وَلَا يَدِينُونَ دِينَ الْحَقِّ مِنَ الَّذِينَ أُوتُوا الْكِتَابَ حَتَّىٰ يُعْطُوا الْجِزْيَةَ عَنْ يَدٍ وَهُمْ صَاغِرُونَ"

"उन लोगों से लड़ो जो ना तो अल्लाह पर ईमान रखते हैं, ना क़यामत के दिन पर, ना उन चीज़ों को हराम मानते हैं जिन्हें अल्लाह और उसके रसूल ने हराम किया है, और ना ही दीन ए हक़ को अपना दीन मानते हैं, (खासकर) उन लोगों में से जिन्हें किताब दी गई है, यहाँ तक कि वे मग़लूब होकर अपने हाथों से जज़िया (**Tax**) अदा करें, और वे छोटे होकर मातहत बनकर ज़िंदगी बसर करने पर राज़ी रहें।"

क्योंकि हमारे मुफ़स्सिरीन ने कुरआनी आयात में बयान लफ़्ज़ "**अहले किताब**" से मुराद हर मुक़ाम पर "**यहूदी वा ईसाई**" ही लिया है तो फिर यहाँ क़ाबिले ग़ौर बात यह है कि वह आख़िर कौन से अहले किताब (यहूदी व ईसाई) हैं जिनके बारे में कहा जा रहा है कि इन अहले किताब में से कुछ लोग ऐसे हैं जो कि ना अल्लाह पर ईमान रखते हैं और ना ही रोज़े आख़िर पर !

तो लामुहाला इसका मतलब तो फिर यही निकलता है कि इनमें (**यहूदी व ईसाई**) से कुछ को छोड़कर बाक़ी सभी अल्लाह और रोज़े आख़िर ओर ईमान रखते हैं ! और फिर ईमान ही नहीं रखते बल्कि अल्लाह और उसके रसूल की हराम करदह चीज़ों को हराम भी मानते हैं, यानि अल्लाह व उसके रसूल की बतायी हुई हुदूद की पाबंदी भी करते हैं, और इससे भी आगे बढ़कर वह (**यहूदी व ईसाई**) दीने

हक़ को अपना दीन भी मानते हैं !

अब यहाँ सवाल यह उठता है कि यह आख़िर कौन से यहूदी व ईसाई हैं जिनके बारे में हमारे मुफ़स्सिरीन ने क़ुरआने करीम की इन आयात की शरह बयान करने में ऊपर बयान की गई सिफ़ात के हामिलीन अहले किताब (यहूदी व ईसाई) को छोड़कर उन्हीं में से बाक़ी तमाम यहूदीयों व ईसाईयों से "**जिज़्या**" वसूल करने का हुक्म इस्तेम्बात कर लिया ?

क्या उन अवसाफ़ को जो क़ुरआन की इन आयात में बयान की गई हैं,किसी शख़्स के इख़्तेयार कर लेने के बाद भी क्या वह यहूदी व ईसाई बाक़ी रह जाएगा ?

यानि जब कोई शख़्स अल्लाह और रोज़े आख़िर पर ईमान ले आएगा, अल्लाह और उसके रसूल की हराम करदह चीज़ों को हराम भी मान लेगा,(यह तो जब ही मुमकिन है कि जब इंसान उस रसूल पर ईमान ले आयेगा), और साथ ही साथ वह दीनुल्लाह को अपना दीन भी तस्लीम कर लेगा, तो आख़िर अब बचता ही क्या है जो वह अभी भी ग़ैरमुस्लिम है ?

इन तमाम पहलुओं से ग़ौर करने से यह हर हाल में साबित होता है कि क़ुरआन ने जिस गिरोह पर "**जिज़्या**" आयद करने का हुक्म दिया है, वह **यहूद** और **नसारा** तो किसी भी हाल में नहीं हो सकते !

बल्कि यह ज़रूर कोई ऐसा गिरोह है जिसका शुमार **इमानवालों** में होता है, और यही ईमान वाले (मुसलमान) ही आज हामीलीने किताब हैं, और इन ईमान वाले (मुसलमान) के इस ज़ाहिरी दावे के बावजूद जब उनके आमाल उसके बरअक्स हैं, वह अल्लाह पर ईमान रखने के दावेदार होते हुए भी अल्लाह पर ईमान नहीं रखते, उनके आमाल से कहीं यह साबित नहीं होता कि वह रोज़े आख़िर पर ईमान रखते हैं, और ना ही ईमान वाले होकर भी अल्लाह और उसके रसूल की तयकरदह हुदूद को क़ुबूल करते हैं, वह एक तरफ़ तो ईमान लाने के दावेदार हैं लेकिन उनका हाल यह है कि वह दीनुल्लाह कि अपना दीन नहीं मानते, यानि अपने तमाम आमाल में

दीन के किसी तक़ाजों का पास ओ लिहाज़ नहीं करते, यह वह (ईमान वाले) लोग हैं जिनके बारे में क़ुरान ने पहले भी " **ادْخُلُوا فِي السِّلْمِ كَافَّةً**(अल बक़रह 208)

"ऐ ईमान वालों तुम पूरे के पूरे ईमान में दाख़िल हो जाओ" ऐसे लोगों की तम्बीह के लिये एक और दूसरी कगह फ़रमाया:-

"يَا أَيُّهَا الَّذِينَ آمَنُوا آمِنُوا بِاللَّهِ وَرَسُولِهِ وَالْكِتَابِ الَّذِي نَزَّلَ عَلَىٰ رَسُولِهِ وَالْكِتَابِ الَّذِي أَنْزَلَ مِنْ قَبْلُ ۚ وَمَنْ يَكْفُرْ بِاللَّهِ وَمَلَائِكَتِهِ وَكُتُبِهِ وَرُسُلِهِ وَالْيَوْمِ الْآخِرِ فَقَدْ ضَلَّ ضَلَالًا بَعِيدًا"

"ऐ ईमान लाने वालो! ईमान लाओ अल्लाह पर, उसके रसूल पर और उस किताब पर जो उसने अपने रसूल पर उतारी है, और उस किताब पर जो उसने पहले उतारी थी। और जो कोई अल्लाह, उसके फ़रिश्तों, उसकी किताबों, उसके रसूलों और आख़िरत के दिन का इनकार करे, वह वास्तव में बहुत दूर भटक गया।" (अन निसा-136)

जैसी आयात का नुज़ूल फ़रमा कर उन्हें तम्बीह की थी यह जो तुम ईमान लाने का दावा भी करते हो लेकिन उसे साबित करने के जितने भी ज़ाविये हैं उससे तुम्हारा ईमान लाना क़तआन साबित नहीं होता बल्कि तुम्हारा दोगलापन ज़रूर साबित करता हैं, तुम्हें मुकम्मल तौर पर अपने तमाम मामलात में इस्लामी क़वानीन का पास ओ लिहाज़ रखना चाहिए, अल्लाह को यह क़तआन मंज़ूर नहीं कि इंसान ईमान लाने का दावा भी करे और साथ ही ख़ालिक़ के क़ानून और ज़ाब्ते का पाबंदी को भी क़ुबूल ना करे, अल्लाह ऐसे ज़ालिम लोगों को (इस्लाह की इतमामे हुज्जत के बाद) समाज में उनकी इस बदबख़्ती को ज़ाहिर कर देना चाहता है जिससे कि समाज में रहने बसने वाले शुरफ़ा (यानि जो ईमानी तक़ाज़ों के अमली जामे के साथ ज़िंदगी गुज़ारने वाले हैं), में से इन बदबख्तों की पहचान हो सके, हुकूमत को चाहिए कि ऐसे लोगों को **Identify** करके उनपर उनकी इस बदबख़्ती की पादाश में सज़ा के तौर पर **"जिज़्या" (Humiliation Tax)** आयद करे, जिससे उन्हें समाज में

इज़्ज़त का वह मुक़ाम (जो शुरफ़ा को हासिल है) ना हासिल हो सके जिसके वह क़तआन हक़दार नहीं हैं !

लेकिन जिस तरह हमारे मुफ़स्सिरीन ने "**जिज़्या**" की तफ़सील बयान की है उसके मुताबिक़ "**जिज़्या**" तो सिर्फ़ ग़ैर मुस्लिम नवजनों पर आयद किया जाएगा, वह भी बहुत मामूली सी रक़म उनसे वसूली जाएगी !

अब सवाल यह उठता है कि "**जिज़्या**" की जो तफ़सील क़ुरआन में मौजूद है वह तो अक़ायद की बात कर रहा है और अक़ीदा सिर्फ़ नवजवानों का ही क्यों क़ाबिले क़ुबूल नहीं ? अगर मसला अहले किताब के अक़ीदे का है तो वही अक़ीदा तो उस क़ौम में नवजवानों के अलावा जो और लोग है (औरतें, बच्चे, बूढ़े) उनका भी तो है, तो मसला अगर यही है कि "वह ना अल्लाह पर ईमान लाते हैं ना रोज़े आख़िर पर, और ना अल्लाह व उसके रसूल की हराम करदह शए को हराम मानते है, और ना ही दीने हक़ को अपना दीन बनाते हैं" तो यह मामला तो सब के साथ है इसमें सिर्फ़ नवजवान कहाँ से आ गए ? फिर तो इसका इतलाक़ तमाम क़ौम पर होना चाहिए नाकि उस क़ौम के सिर्फ़ नवजवानों पर !

और फिर अगर कोई **State** अपनी अवाम में से कुछ लोगों से सिर्फ मज़हबी अक़ायद की बुनियाद पर कोई **Tax** लागू कर देती है वह चाहे बहुत मामूली सा ही क्यों ना हो, आख़िर उसके सबब उस हुकूमत को हासिल क्या हो जाएगा ? अलावा इसके कि उसका यह अमल किसी दूसरी क़ौम के मज़हबी अक़ायद को लेकर उस हुकूमत का उस क़ौम के साथ किया जाने वाला **Discrimination in the term of religion** ही तो साबित होगा ! जिसका कोई फ़ायदा ना तो किसी दूसरी क़ौम को होगा, और ना ही मौजूदा हुकूमत को ! अलावा इसके कि वह क़ौम इस **ज़िल्लत** के सबब उस हुकूमत से अदावत रखने लगेगी और नतीजतन ऐसी क़ौम उस **State** की वफ़ादार शहरी तो कभी नहीं बनेगी, जिन्हें उस हुकूमत ने ज़लील करके **Secondary citizen** बना रक्खा है !

इससे साफ़ ज़ाहिर होता है कि "**जिज़्या**" की जो तफ़सील हमारे क़ुतुब में बयान

की जाती है वह क़तअन माक़ूल नहीं है !

यहाँ इस बात की वज़ाहत ज़रूरी है कि कोई यह ना समझे कि "**जिज़्या**" अगर मुसलमानों में एक गिरोह पर आयद किया जाता है तो यह वही **discrimination** हुआ जो **यहूद व नसारा** के साथ हो रहा था, वही फिर इन ईमान वालों के साथ हो रहा है तो यह तो एक ही बात हुई ? तो बता देते हैं कि किसी क़ौम का मज़हबी अक़ीदा उसका ज़ाती मसला है वह अक़ीदा **हक़** हो या **बातिल** इसका फ़ैसला रोज़े आख़िर में होगा, दुनिया में किसी के ज़ाती अक़ीदे की कोई सज़ा कितनी ही मामूली क्यों ना हो, किसी हुकूमत को किसी को भी इस जुर्म की सज़ा देने का कोई हक नहीं है, यह उसके और ख़ालिक़ के बीच का मामला है जो रोज़े आख़िर में फ़ैसलाकून होगा !

अब रहा मसला मुसलमानों का तो उनपर यही सज़ा आयद करने का हुकूमत को इसलिए इख़्तियार है कि उन्होंने अल्लाह व उसके रसूल से अहद किया है इसीलिए उनका शुमार ईमानवालों में किया जाता है और बाक़ी रहे वह दूसरे लोग, उन्होंने तो कभी ईमान लाने का दावा ही नहीं किया ! तो जो ईमानलाने का दावेदार भी हो और ईमानी तक़ाज़ों को पूरा ना करे बल्कि अपने अमल से उससे बग़ावत करता फिरे वह और वह जो ऐलानिया इस्लाम पर ऐलान ना लाने का इज़हार कर चुका है, दोनों यक्सा नहीं हो सकते ! इसमें वह जो ईमान लाने का दावेदार है वह ग़द्दार है इसीलिए उनकी इस ग़द्दारी और बदबख्ती की पादाश में (ऐसे लोगों को जो एक **Civilised society** के लिए मुज़िर हैं) उनपर "**जिज़्या**" आयद किया जाता है और यह रक़म इसीलिए मामूली वसूल की जाती है क्योंकि यह कोई अवाम से लिए जाने वाले **Common tax** के बदले में लिया जाने वाला **Tax** नहीं है, वह **Common tax** जो तमाम अवाम पर लागू होता है वह तो उन्हें भी देना होगा बल्कि उनपर यह ज़ायद रक़म इसलिए आयद की जा रही है कि वह ख़ालिक़ से अहद करके अपने अहद का पास ओ लिहाज़ करने के बजाए अपने उस अहद से फिर गए हैं और यह उस ख़ालिक़ की तौहीन है जो वह अपने अमल से कर रहे हैं, इसलिए ख़ालिक़ की तौहीन करने की पादाश में उनपर "**ज़िल्लत**" का यह तमग़ा "**जिज़्या**" के तौर पर

उन्हें दिया जा रहा है!

दरअसल "जिज़्या" वह Tax है जो कि इस्लामी हुकूमत में मुसलमानों में से ही उन लोगों पर State के तरफ़ से उनकी बदबख़्ती की वजह से सज़ा के तौर पर आयद किया जाता जिनके बारे में मज़कूरहबाला आयात में तज़किरा किया गया है ! इसका (जिज़्या) ग़ैर ईमान वालों से सिरे से कोई ताल्लुक़ ही नहीं है, ग़ैर ईमान वाले चाहे वह "मुशरिक" हों या साबिक़ा किताब के हामिलीन (अहले किताब), उन सभी के बारे में क़ुरआन पहले ही ऐलान कर चुका है !

لَكُمْ دِينُكُمْ وَلِيَ دِينِ

لَا إِكْرَاهَ فِي الدِّينِ

जैसी आयात का नुज़ूल करके क़ुरआन जिनके बारे में पहले रुख़्सत बयान कर चुका है तो ऐसा हो ही नहीं सकता कि अल्लाह ख़ुद ही अपनी नाज़िलकरदह आयात की ख़िलाफ़वर्ज़ी करे, यह तो ख़ालिक़ पर इल्ज़ाम लगाना जैसा है कि उसने मुसलमानों को ताक़त ना रखने की सूरत में ग़ैर इमानवालों से किसी और तरह की बात की और फिर जब उन्हें ताक़त और फ़तह हासिल हो गई तो ख़ुद अल्लाह ने ही मुसलमानों को यह सबक़ दिया कि वह अब चूँकि उन्हें ताक़त फ़तह हासिल हो गई है इसलिए अब तुम अपने दिये गये तमाम वायदों से फिर जाओ और अब इन लोगों से (ग़ैरमुस्लिमों) से लड़ो और इनको ज़ेर करके **Secondary citizen** बनाकर छोटा बनकर रहने को मजबूर कर दो और साथ ही इनपर **"जिज़्या" (Religious tax)** भी आयद करो !

बावजूद इसके हमारे मुफ़स्सिरीन जो कुछ भी "**मुश्रीक़ीन, जिज़्या** या और दूसरी क़ुरआनी इस्तेलाहात के ज़ेमिन में बयान करते हैं वह शरह क़तआन माक़ूल नहीं लगती, कि एक तरफ़ तो क़ुरआन उसपर ईमान ना लाने वालों से इस क़द्र बेनियाज़ी का ऐलान कर रहा है :-

"لَكُمْ دِينُكُمْ وَلِيَ دِينِ"

"तुम्हारे लिए तुम्हारा दीन, मेरे लिये मेरा दीन

"لَا إِكْرَاهَ فِي الدِّينِ"

"दीन में कोई जब्र नहीं

"إِمَّا شَاكِرًا وَإِمَّا كَفُورًا"

"या तो शुक्र करो या फिर कुफ़्र"

और दूसरी तरफ़ वह उसपर (उसकी उलूहियत में) ईमान ना लाने की सूरत में उनपर "जिज़्या" आयड़ करे !

इन आयात की मौजूदगी के बावजूद भी मुताक़द्दिमीन ने यह उसूल ना जाने कहाँ से मुस्तम्बत कर लिया कि **State** क़ायम हो जाने के बाद उसके तयीं रहने वाली अवाम में से जो ईमान नहीं लाएगा यानि मुसलमान होना क़ुबूल नहीं करेगा उसे **State** को **जिज़्या** देना होगा

क़ुरआन कहता है :-

"حَتَّىٰ يُعْطُوا الْجِزْيَةَ عَن يَدٍ وَهُمْ صَاغِرُونَ"

"उनसे लड़ो यहाँ तक कि वह अपने हाथों से "जिज़्या" अदा करें और छोटे बनकर रहें"

ऐसा कैसे हो सकता है कि क़ुरआन अपने ही जारी करदह उसूलों की ख़िलाफ़वर्ज़ी भी इस सूरत में करे कि वह लोगों पर उसपर ईमान ना लाने की पादाश में उनपर "**जिज़्या**" (Protection money) आयद करे, और उन्हें **"इस्लामी निज़ाम** में **Secondary citizen** बनने पर भी मजबूर करे ?

ऐसा हो ही नहीं सकता कि क़ुरआन अपनी महक़ूमियत के वक़्त तो कुछ और और कहे, और फिर जब उसे ताक़त मयस्सर हो जाये तो फिर वह अपने पहले के दिये होए बयान :-

"ل إِكْرَاهَ فِي الدِّينِ"

"لَكُمْ دِينُكُمْ وَلِيَ دِينِ"

"إِمَّا شَاكِرًا وَإِمَّا كَفُورًا"

जैसे उसूलों से पलटकर ख़ुद ही उन उसूलों की ख़िलाफ़वर्ज़ी करे ?

इसका साफ़ मतलब यही निकलता है कि कहीं ना कहीं हम ही से क़ुरआनी आयात की तर्जुमानी ग़लत की गई है जिसकी वजह से क़ुरआनी आयात ख़ुद एक दूसरे से टकरा रही हैं !

इन तमाम इश्कलात से दरगुज़र करते होए जब क़ुरआनी आयात की मज़हबी आईने में फ़रसूदह तर्जुमानी की गई तो नतीजतन उसकी इस ग़लत तर्जुमानी ने पूरी दुनिया में इस्लाम को एक ख़ौफ़नाक मज़हब बनाकर रख दिया !

अल वाला वाल बरा

मुसलमानों के एक गिरोह "**सलफ़ी (अहले हदीस)**"के एक मुसन्निफ़ "**अबुल हसन अल हिंदी**" अपनी किताब "**अल वरा वाल बरा**" में मुसलमानों के ग़ैर मुस्लिमों से मामलात व ताल्लुक़ात की तफ़सील कुछ इस तरह फ़रमाते हैं :-

इब्न मुबारक तफ़सीर फरमाते हैं: **"कुफ़्फ़ार की तरफ ज़रा बराबर भी मायिल न हो जाए।"**

इक्रिमा फरमाते हैं: **"उनकी इताअत न करो, न उनसे मुहब्बत करो। और उनको अपने मुआमलात व हुकूमत का वली न बनाओ। जैसे कि आजकल फ़ासिक़ फ़ाजिर हुक्काम बने बैठे हैं।"**

इमाम नववी (रहमतुल्लाह अलैह) फरमाते हैं: **"जिस शख्स ने कुफ्फार को दवा तैयार करके दी या क़लम तराश कर दिया या लिखने को काग़ज़ मुहैया किया तो वह भी उनकी मेहनत में शामिल है।"**

कुछ मुफस्सिरीन के नज़दीक इस आयत [सूरह हूद: 113] में जिन उमूर (कामों) से मना फरमाया गया है, वे निम्नलिखित हैं:

1. **कुफ्फार की ख़्वाहिशात की पैरवी करना।**
2. दूसरों से जुदा होकर कुफ्फार के बनकर रहना।
3. **उनकी मजलिसों में हाज़िर होना।**
4. **कुफ्फार से मेल-जोल रखना।**
5. उनके कामों से राज़ी होना।
6. **कुफ्फार की मुशाबहत इख्तियार करना।**
7. कुफ्फार की तरह का तशख़्स (लिबास वग़ैरह) कायम करना।
8. कुफ्फार की ऐश व इशरत की तरफ निगाह हसरत से देखना।
9. **कुफ्फार का ज़िक्र ताज़ीम (एहतराम) के साथ करना।**

यह तमाम उमूर (काम) को एक बार इस आयत के अल्फ़ाज़ पर ग़ौर करो कि **"तुम कुफ्फार की तरफ ज़रा बराबर भी मायिल न हो।" [ईमान की मजबूत तरीन ज़ंजीर, P. No-5,6]**

मुश्रिकों के साथ रहना

रावी-ए-हदीस समुराह बिन जुंदब (रज़ियल्लाहु अन्हु),

नबी ((□ने फ़रमाया: **"जो शख्स मुश्रिक के साथ मेल-जोल रखे और उसके साथ रहे तो वह (भी) उसी की तरह है।"**

[सुनन अबू दाऊद, हदीस: 2787; मुस्तद्रक अल-हाकिम: 141-42/1; सहीह बय अल-अलबानी इन अस-सहीहाह: 2332]

वज़ाहत: यह (हदीस) रसूल अल्लाह ने तग्लीज़न और तशदीदन (सख्ती से) फ़रमाया ताकि आदमी मुश्रिक की सोहबत से बचे।

या मुराद यह है कि जब उसके साथ रहेगा तो उसी की तरह हो जाएगा क्योंकि सोहबत का असर यक़ीनन पड़ता है।

मुश्रिकीन से अलग रहने का बयान

रावी-ए-हदीस जरीर (रज़ियल्लाहु अन्हु),

मैं नबी ((□के पास आया, रसूल अल्लाह बैअत ले रहे थे।

मैंने अर्ज़ किया: अल्लाह के रसूल हाथ बढ़ाइए ताकि मैं बैअत करूं, और आप शर्त बताइए क्योंकि आप ज़्यादा जानते हैं।

नबी ((□ने फ़रमाया: **"मैं तुम से इस बात पर बैअत लेता हूं कि तुम अल्लाह की इबादत करोगे, नमाज़ क़ायम करोगे, ज़कात अदा करोगे,**

मुसलमानों के साथ खैर ख़्वाही और भलाई करोगे और कुफ्फार व मुश्रिकीन से अलग थलग रहोगे।"

[सुनन अन-नसाई, हदीस (सहीह): 4177]

(ध्यान रहे इनके नज़दीक़ "**मुश्रिक**" से मुराद सिर्फ़ "**ग़ैर मुस्लिम**" हैं जो बुतों की पूजा कार्य हैं!)

यह वह नज़रिया है जो हमारे उलामा के ज़रिए मदारिस में और अवमुन्नास को मसाजिद में तक़ारीर के ज़रिए पढ़ाया समझ्या जाता है, जो ज़ाहिर सी बात है कि इससे इंसानी मेयारात पर इंसानों का आपस में मुहब्बत का होना जैसा कोई मुसबत नतीजा तो क़तआन नहीं निकलेगा !

क़ुरआनी इस्तेलाहात जैसे "**मुश्रिक**" "**काफ़िर** वग़ैरा की इस ग़लत तर्जुमानी ने क़ुरआनी पैग़ाम को सिरे से कुछ का कुछ करके बना कर रख दिया, जिसने क़ुरआन का मक़सूद वा मतलूब ही बदल कर रख दिया, और फिर उसपर अमल पैरा होने के ख़ौफ़ से दुनिया पर इस्लाम व क़ुरआन का वह ग़लत व ख़ौफ़नाक पैग़ाम गया कि मुकम्मल दुनिया इस्लामी इक़देदार या मुस्लिम इक़्तेदार से बुरी तरह ख़ौफ़ज़दा हो गई और नतीजतन पूरी दुनिया आज तक़रीबन दो हिस्सों (मुस्लिम व ग़ैरमुस्लिम) में बंट जाने की कगार पर खड़ी है, और ऐसा लगता है कि अनक़रीब दुनिया उसे देख लेगी !

यह सब उसी ख़ौफ़ का नतीजा है जिसे आज जगह जगह मुस्लिम क़ौम को **Islamophobia** के तौर पर भुगतना पड़ रहा है !

क़ुरआन ख़लीक़े कायनात की तरफ़ से नाज़िल करदह क़वानीन का मुजमुआ है, जिसका ताल्लुक़ इंसानी ज़िंदगी से है, और वह इंसानी ज़िंदिगी के हर मामलात से गुफ़्तगू करता है, अब क्योंकि दुनिया में इंसानो को दो तरह के मामलात दरपेश होते हैं !

1– उसके और उसके ख़ालिक़ के तयीं,

2- इंसान का दूसरे इंसान के तयीं !

इसलिए उसने तमाम हिदाएते इंसानी को दो हिस्सों में तक़सीम किया है !

1-हुक़ुक़ुल्लाह

2-हुक़ूक़ुलएबाद

वह हिदायात जिसका ताल्लुक़ सिर्फ़ ख़ालिक़ और मख़लूक़ (इंसान) के बीच के हैं, ऐसी तमाम हिदायात और क़वानीन को इस्लाम **हुक़ुक़ुल्लाह** कहता है, और यह वह हिदायात हैं जिसे इंसान के क़ुबूल ना करने की सूरत में इस्लाम ऐसे किसी भी शख़्स के साथ कोई ज़बरदस्ती क़तआन नहीं करता !

ऐसे मामले में क़ुरआन साफ़ ऐलान करते हुए फ़रमाता है:-

"**لَا إِكْرَاهَ فِي الدِّينِ**"(दीन में कोई ज़बरदस्ती नहीं) !

लेकिन इसी जगह वह क़वानीन जिसका ताल्लुक़ इंसानी मफ़ादात से है, यानि इंसानों के आपसी मामलात से है उसमे ख़ालिक़ की तरफ़ से ज़बरदस्ती का ऐलान है, ऐसे मामले में इंसान को क़तआन कोई आज़ादी हासिल नहीं है कि वह इसमें अपनी मन मर्ज़ी चलाये, ऐसे तमाम मजमुये क़वानीन को क़ुरआन ने "**हुक़ूक़ुलएबाद**" से ताबीर किया है !

इसलिए ख़ालिक़ ने हुक्म दिया है उन लोगों को जिन्होंने उसके नबी की दावत पर लब्बैक कहा और उसपर ईमान लाए, उनपर यह ज़िम्मेदारी आयद होती है कि वह समाज में **अद्ल ओ इंसाफ़** को क़ायम करने व दुनिया में बसने वाले तमाम इंसानों को इंसान के वह हुक़ूक़ कि जिसका हर आम व ख़ास को हासिल होना उसका बुनियादी हक़ है, उसे मुहैय्या कराने के लिये अवाम को तारग़ीब दें और

मुनज़्ज़म अन्दाज़ में लगातार इसकी तालीम व तरग़ीब की तहरीक जारी रहनी चाहिए, और जब एक मुनासिब तादात ऐसे हक़ पसंदों की तैयार हो जाये तो उस हक़ पसंद अवामी ताक़त के ज़रिये इंसानी हुक़ूक़ के तमाम कवानीन को एक **सालेह हुकूमत**, यानी ऐसी इस्लामी हुकूमत जिसकी बुनियाद उन्हीं बुनियादी चार उमूर पर हो **(Judiciary, Human right, Social equality and Taxes)**, का क़याम करें जिससे कि इंसानी हुक़ूक़ के तमाम क़वानींन को ताक़त के ज़रिये समाज में नाफिज़ किया जा सके, ताकि हर उस शख़्स की मदद की जा सके जो मज़लूम हो, और समाज में रहने वाला हर इंसान अपने मुकम्मल इंसानी हुक़ूक़ के साथ ज़िंदगी गुज़र बसर कर सके !

क़ुरआन ने हर सालेह हुकूमत को जो इंसानी हुक़ूक़ को **Stabilise** करने के लिए क़ायम की गई हो उसे **Military strength** के ज़रिये ज़्यादा से ज़्यादा ताक़त हासिल करने का हुक्म दिया, ताकि उन लोगों हाथों को रोका जा सके जो इंसानियत के दुश्मन हैं और उन्होंने इंसानों पर ज़ुल्म व जब्र करने में कोई कसर बाक़ी नहीं रखी है

इस सिलसिले में जो बात क़बीले ग़ौर है वह यह कि उम्मते मुस्लिम में आमतौर पर यह ग़लतफ़हमी पैदा हो गई जहां क़ुरआन ने ईमान वालों हुक्म देते हुए फ़रमाया:-

وَأَعِدُّوا لَهُم مَّا اسْتَطَعْتُم مِّن قُوَّةٍ وَمِن رِّبَاطِ الْخَيْلِ تُرْهِبُونَ بِهِ عَدُوَّ اللَّهِ وَعَدُوَّكُمْ وَآخَرِينَ مِن دُونِهِمْ لَا تَعْلَمُونَهُمُ اللَّهُ يَعْلَمُهُمْ وَمَا تُنفِقُوا مِن شَيْءٍ فِي سَبِيلِ اللَّهِ يُوَفَّ إِلَيْكُمْ وَأَنتُمْ لَا تُظْلَمُونَ

उन्होंने इन आयात में बयान करदह हुक्म को हर दौर के लिए हुक्मे आम समझा,जिससे नतीजतन उसका यही मायना निकला कि इस हुक्म को बजा लाने की ज़िम्मेदारी हर दौर में हर एक उम्मती पर है ! इस बात से सर्फ़े नज़र करते होए कि बदलते होए आज के इस दुनियावी निज़ाम में इन आयात का इतलाक़ बाऐयनिही वही कैसे हो सकता है जो नुज़ूले वही के वक़्त पर होता था !

अब सवाल यह उठता है कि वह इंसानी मफ़ादात के क़वानीन यानी "**हुक़ूक़ुलएबाद**" कौन से हैं ? जिसे हर इंसान को हर हाल में मानना ही पड़ेगा ?

दरअसल यह वही क़वानीन हैं जो इससे पहले के सफ़हात पर पीछे बयान किए जा चुके हैं !

1-Judiciary

2-Human Right

3-Social Equality

4-Taxes

यही वह उमूर हैं जिसका मानना हर इंसान पर हर हाल में लाज़िम है, ख़्वाह वह मुसलमान हो या ग़ैर मुस्लिम, तमाम के तमाम इंसानों को इन कवानीन का पास ओ लिहाज़ करना ही होगा! और इन्हीं उमूर से बग़ावत करने वालों लोगों को अल्लाह ने "**إن الحكم إلا لله**"" (हुक्म सिर्फ़ अल्लाह का है") के **Violation** के तहत क़ुरआन की **सूरह तौबा में मुशरिकीन** का लक़ब दिया, क्योंकि यह वह लोग हैं जो इंसानी मफ़ादात के क़वानीन के सरीह मुनकिर हैं, और इसकी जगह वह बाप दादाओं से चले आ रहे ज़ालीमाना क़वानीन के हामी बने होए थे, दरअसल यह इंसानी मफ़ादात के खुदाई क़वानीन के साथ खुला होआ शिर्क था, और अल्लाह के नाज़िल करदह क़वानीन में **हुक़ूक़ुलएबाद** के साथ किसी भी तरह का समझौता दरअसल **हुक़ूक़े इंसानी** के साथ समझौता है, और अगर इंसानों को हुक़ूक़े इंसानी के मामले में भी इंसानों को आज़ादी अता कर दी जाए तो दरअसल यह कमज़ोर इंसानों के साथ खुली होई ज़्यादती होगी, जो इंसानों के साथ अद्ल ओ इंसाफ़ करने के बिल्कुल मानाफ़ी होगी, और ऐसा ख़ालिक़ इंसानों के साथ कैसे कर सकता है, इसलिए उसने ऐसे तमाम क़वानीन (**हुक़ूक़ुलएबाद**) के मामले में इंसानों को क़तआन आज़ादी नहीं बख्शी, बल्कि उसने अपने मानने वालों (ईमान वाले) पर

यह ज़िम्मेदारी आयद कर दी कि वह दुनिया में इंसानों के बीच आपसी मामलात में **अद्ल ओ इंसाफ़** को क़ायम करने के लिये एक ऐसे "**निज़ाम**" का को हर हाल में क़ायम करें जो "**हुक़ूक़ुलएबाद**" को **Forcefully** नाफिज़ करने वाला हो ! जिसके तहत उसने ईमान वालों पर यह फ़रीज़ह आयद करते हुए हुक्म फ़रमाया कि इंसानी मफ़ादात पर मबनी इस **दीन** (इंसानी मफ़ादात पर मबनी **निज़ाम**) को उन तमाम झूटे अदयान (वह **निज़ाम** जो इंसानी हुक़ूक को सल्ब करने वाले **बातिल निज़ाम है**) पर रुए अर्ज़ पर हर हाल में इंसानों को उनके **बुनियादी इंसानी हुक़ूक** से अरास्ता करने की ख़ातिर ग़ालिब करने की जद्दु जुह्द में अपनी तमाम तावनाई सर्फ़ करने में कोई कसर बाक़ी ना रखें !

यहाँ लफ़्ज़े **दीन** से मुराद वह दीन **जो कि एक मुकम्मल निज़ामे हयात है** उसके वह उमूर जिसका ताल्लुक़ इंसानी हुक़ूक़ से है (जिसे क़ुरआन **हुक़ूक़ुलएबाद** कहता है) उनको ताक़त हासिल करके तमाम दुनिया में ग़ालिब करना है, लेकिन बदक़िस्मती से लफ़्ज़े "**दीन**" की ग़लत तर्जुमानी ने अवाम को यह तसव्वुर दे दिया कि उन्हें ज़्यादा से ज़्यादा ताक़त हासिल करके "**दीन**" बामायने "**मज़हबे इस्लाम**" के दूसरे तमाम **मज़ाहिब** पर ग़ालिब कर देना है !

हालाँकि इस्लाम का हुक्म "गलबये दीन" से मुराद उस "निज़ामे हक़" को ताक़त के साथ रूए अर्ज़ पर क़ायम कर देना है जिसका ताल्लुक़ महज़ हुक़ूक़ुलएबाद से है !

दीन के उन उमूर का ताल्लुक़ जिसका मक़सद इंसानों के बीच में अद्ल व इंसाफ़ को क़ायम करना है, उसका इस्लाम की नज़र में **मज़हब** से कोई ताल्लुक़ नहीं है, जिस तरह अल्लाह इस दुनिया में इंसानों की **Facilitation** में तमाम इंसानों में बराबरी का मामला करता है चाहे **ईमान वाला हो या ग़ैर ईमान वाला** वह सभी को दुनिया की वह सभी सहूलतें मुहैय्या करता है जो बहैसियते इंसान के उसकी बुनियादी ज़रूरत है, खाने पीने दावा इलाज हवा मौसम जैसे तमाम मामलों में ख़ुदा का क़ानून सभी के लिये बाराबर है चाहे वह उसकी **उलुहियत** का बाग़ी ही क्यों ना हो ! लेकिन इसके बरअक्स **दीन** के उन उमूर को कि जिसका ताल्लुक़ इंसानी

मामलात यानि "**हुक़ूक़ुलएबाद**" से है उसे वह ताक़त के साथ ग़ालिब करना चाहता है, इसीलिए उसने ईमान वालों को हुक्म दिया कि वह ज़्यादा से ज़्यादा ताक़त हासिल करके इस दीन को तमाम "**दीने बातिला**" यानी ऐसा **निज़ाम** जिसमें **Violation of human right** होता हो, उसपर ग़ालिब कर दें !

यहाँ एक बात जो इंतहाई अहम है वह यह कि आम तौर पर यह बात समझी जाती है कि माज़ी में जिन क़ौमों पर अज़ाब नाज़िल किया गया था वह इसलिए किया गया कि उन लोगों ने अल्लाह की "उलूहियत" यानि उसे अपना माबूद मानने से इनकार कर दिया था , हालाँकि हक़ीक़त यह है कि ख़ालिक़ कायनात ने हर ज़माने में उन्हीं लोगों पर अज़ाब नाज़िल किया जो "إِنْ الحكم إلا لله" यानि ख़ालिक़ के नाज़िलकरदह उन कवानीन के बाग़ी थे जिनका ताल्लुक़ हुक़ूक़ुलएबाद" से था, नाकि "لَا إِلَٰهَ إِلَّا اللهُ" यानि "हुकुल्लाह" से !

दौरे माज़ी में यह काम अंबिया के ज़रिए उसकी दावत की इतमामे हुज्जत क़ायम हो जाने के बाद ख़ालिक़ ने उस क़ौम पर नाफ़रमानी करने की पादाश में अज़ाब नाज़िल किए! लेकिन क्योंकि नबी (सल्ल०) के बाद सिलसिला ए नबूवत का ख़ात्मा हो गया इसलिए ख़ालिक़ ने अब उस अज़ाब को इंसानों के ज़रिए दी जाने वाली सज़ा में तब्दील करके उस आख़िरी नबी (सल्ल०) के ज़रिए अंजाम देकर पूरी उम्मत पर यह ज़िमीदारी सदा के लिए सौंप दी गई !

इस ज़िम्मेदारी की अदायगी के लिए उसने अवमुन्नास के हक़ में क़ायम की जाने वाले "**निज़ाम**" के क़वानीन (जोकि सिर्फ़ ओ सिर्फ़ इंसानों के मफ़ादात पर मबनी हैं) का मतन क़रार दिया और उससे बग़ावत करने वालों को **Traitors of the sovereign state** जैसे जुर्म का बाग़ी क़रार देकर **State** को यह हुक्म दिया कि वह ऐसे लोगों की निशानदेही करे और उन्हें **State** की वफ़ादारी पर मजबूर करे, बावजूद इसके अगर वह बग़ावत पर ही उतारू रहें तो वह दुनिया में ही अज़ाबे इलाही के मुस्तहक़ होंगे क्योंकि वह जिन कवानीन के बाग़ी हैं उनका ताल्लुक़

State में रहने बसने वाले तमाम इंसानों के **इंसानी हुक़ूक़** से है इसलिए इस सज़ा को आख़िरत के लिए मुल्तवी नहीं किया जा सकता ! इसलिए यह सज़ा (अज़ाब) उन्हें **State** के बाग़ी के तौर पर दी जाएगी !

क़ुरआन की सूरह तौबा में मुश्रीक़ीन को दी जाने वाली सज़ा का हुक्म इसकी मिसाल है!

यहाँ एक बात इंतहाई ग़ौर तलब है कि यह हुक्म उस दौर के लिए आम हुक्म था, यह वह दौर था जब **Islam** का **Reformation** होआ, जब दुनिया में ज़ुल्म व जब्र की ही हमूमतें क़ायम थीं, जिसकी तफ़सील पीछे बयान की जा चुकी हैं, यह वह हुकूमतें थीं जो अवाम या उनके अवामी नुमाइंदों के ज़रिये चुनी होई ना होकर ख़ानदानी या फ़ौजी ताक़त के ज़रिये हासिल करदह हुकूमतें थीं, जिन हुकूमतों में हाकिम की ज़ुबान से निकली हर बात क़ानून की हैसियत रखती थी, जहां मुलज़िम को हाकिमे वक़्त किसी भी छोटे से छोटे जुर्म की चाहे जितनी बड़ी सज़ा दे दे, उसका मुजरिम को ज़्यादती सज़ा देने के मामले में अवाम को उसके हुक्म के ख़िलाफ़ किसी भी तरह से **Review** करने या **Challenge** करने का कोई हक़ हासिल ना था, जहां इंसानों से ज़रूरत से कहीं ज़्यादा **Tax** वसूला जाता था और सितम यह कि उन्हें इसका कोई बदला भी नहीं मिलता था, दरअसल ऐसी ही ज़ालिमाना हुकूमतों को इस्लाम ने "**हुकूमते बातिला**"क़रार दिया था, जो इंसानों से उसके बुनियादी इंसानी हुक़ूक़ सल्ब करती थीं, इसी के साथ एक इंतहाई बड़ा ज़ुल्म उन बातिल हुकूमतों में यह भी था कि उस वक़्त अवाम में किसी को भी अपनी मर्ज़ी का मज़हब अपनाने का हक़ हासिल नहीं था, बल्कि उन सभी पर यह लाज़िम था कि उन्हें वही मज़हब अपनाना पड़ेगा जो कि हाकिमे वक़्त का है, ऐसे तमाम मज़ालिम उस वक़्त की बातिल हुकूमतों में आम थीं, जहाँ मज़लूम अवाम ऐसी ज़ालिमाना हुकूमतों से निजात के लिये तरस रही थी !

ऐसे दौर में इस्लाम ने उसपर ईमान लाने वालों को यह हुक्म दिया कि ऐसे **बातिल निज़ाम** के ख़िलाफ़ ताक़त हासिल करके मज़लूम को उसका हक़ दिलाने के लिए लड़ो, और उस ऐलाने के **जिहाद** का महज़ मक़सद उस बातिल निज़ाम का ख़ात्मा

करके उसकी जगह इंसानी हुक़ूक़ पर मबनी **आदिलाना निज़ाम** क़ायम करना था!

यह था असल सबब कि जिसकी वजह से ख़लीक़े कायनात ने ईमान वालों को "**दीने बातिला**" की जगह "**दीने हक़**" को ग़ालिब करने का हुक्म दिया और साथ ही यह इस कारे नुबुव्वत की अंजामदेही करने वालों को यह तस्कीन भी दी कि यह उसका फ़ैसला है कि वह इस **दीन** को ग़ालिब करके रहेगा !

गौरतलब बात यह है कि दौरे हाज़िर में जब कि दुनिया तरक़्क़ी करके **Civilised** हो गई, और पूरी दुनिया में क़दीम ज़माने की उस तर्ज़े की ज़ालिमाना हुकूमत का कुल्ली तौर पर ख़ात्मा हो गया, और दुनिया **Globalised** हो गई, और अब तमाम हुकूमतें अपनी मनमर्ज़ी की कुल्ली मालिक ना रहीं, जिसमें ज़्यादातर हुकूमतें अवाम की या अवामी नुमाइंदों की मर्ज़ी से बनने लगीं, और अवाम को अपने हुक़ूक़ की आवाज़ बुलंद करने की खुली आज़ादी कमोबेश हासिल हो गई, फिर मज़ीद यह कि बहुत सारी हुकूमतें तो कमोबेश उन्हीं उसूलों पर क़ायम हो गईं जो किसी "**निज़ाम**" को उसके "**बातिल** होने की कुल्ली नफ़ी करता था क्यूँकि उसके तयीं रहने वाली अवाम को अपने सारे बुनियादी इंसानी हुक़ूक़ हासिल हो गये, तो लामुहाला वह हुक्म जो उस ज़ालिमाना दौर की ज़ालिमाना हुकूमतों के ख़ात्मे की ख़ातिर उसने अलमे जिहाद बुलंद करने के लिए दिया गया था, वह बाऐननिही दौर हाज़िर में मौजूदा हर हुकूमत पर कैसे आयद हो सकता है ? जबकि सुरते हाल बिलकुल तब्दील चुकी हो !

इसकी मिसाल ऐसी ही है कि जिस तरह सबिक़ा आसमानी किताबों को जो कि अगरचे अपनी असल पर बाक़ी नहीं रहीं, लेकिन क्योंकि उन्में बहुत सारी हक़ बात भी मौजूद हैं, इसलिए **इस्लाम** उन्हें कुल्ली तौर पर बातिल क़रार नहीं देता, ठीक इसी तरह आज की इस दुनिया में भी कुछ मुल्कों की मौजूदा हुकूमती निज़ाम में भी बहुत सारे वह बुनियादी उसूल शामिल हैं जो कि "**इस्लामी निज़ाम**" के बुनियादी उसूल हैं, और इसकी वजह से उन्हें भी सिरे से निज़ामे बातिल क़तआन क़रार नहीं दिया जा सकता !

दौरे हाज़िर में मग़रिब में क़ायमकरदह हुकूमतें इस बात की खुली मिसाल हैं !

लेकिन इस्लामी बुद्धिजीवियों का क़ुरआनी आयात की **Misinterpretation** की वजह ने **निज़ामे हक़** और **निज़ामे बातिल** की तारीफ़ व साथ ही साथ **दीन** और **मज़हब** के फ़र्क़ को भी मस्ख कर डाला, जिसकी वजह से पूरी मुस्लिम उम्मत हर उस हुकूमत को बातिल समझने लगी, खुसूसन वह हुकूमत जिसका हाकिम ही ग़ैर मुस्लिम हो, साथ ही वह मुस्लिम मुमालिक भी जहां कि नाम नेहाद **शरई क़वानीन** नाफिज़ ना हो, उन सभी मुल्कों को वह अपना हरीफ़ समझने लगे !

मुफ़स्सिरीन की इस ग़लती ने पूरे इस्लामी फ़लसफ़े को कुछ का कुछ बना कर रख दिया, जिससे नतीजतन मुसल्लह जिहादी तंज़ीमें वजूद में आईं गयीं और उनका जहां भी जितना बस चला उन्होंने उस मौजूदा हुकूमत के ख़िलाफ़ हथियार उठाना अपना दीनी फ़रीज़ह समझा !

दौरे हाज़िर की तहरीके तलबा पाकिस्तान (TTP), (ISIS) और आलमी तंज़ीम हिज़्बुत तहरीर (HUT) इसकी ताज़ा मिसाल है !

जिसकी पादाश में आज की मुसलमान क़ौम दूसरी क़ौम **(english)** की दुश्मनी में इस क़द्र शदीद हो गई है कि उसे उस क़ौम के अच्छे औसाफ़ भी उन्हें नज़र नहीं आते और दूसरी ओर वह मुस्लिम हुकूमतें जो अपनी अवाम को रोज़गार, इंसानी जान की अमान जैसे बुनियादी हुक़ूक़ अता करने से क़ासिर हैं वह उनसे (मुस्लिम हुकूमतों) मुहब्बत का मामला करते हैं ! जिससे साफ़ मालूम पड़ता गई कि उनका (मुसलमानों) का किसी से मुहब्बत या नफ़रत करने का मेयार क्या है ? उनमे इस हक़ीक़त का भी एहसास बाक़ी ना रहा कि आज दुनिया भरके मज़लूम मुसलमानों को अगर कोई मुल्क पनाह देता है तो वह वही मुमालिक हैं जिनके तबाह और बर्बाद होने की बद्दुआएँ मुसलमानों में आम है, हालाँकि क़ुरआन ने उन्हें हुक्म दिया है कि किसी क़ौम की दुश्मनी तुम्हें अद्ल व इंसाफ़ से मुनहारिफ़ ना कर दे (सूरह अल मायदा-8) पर इससे सर्फ़े नज़र करते होए उन्हें ऐसा लगता है कि हर वह हाकिम जो

अल्लाह व उसके रसूल पर ईमान नहीं रखता, वह और उसकी हुकूमत बातिल है, उनके ज़हनों दिमाग़ में यह **Concept developed** हो गया कि हर वह हुकूमत जिसका हाकिम **ग़ैर मुस्लिम** हो वह **हुकूमते बातिला** हैं, और उसे उखाड़ कर जब तक मुसलमान हाकिम वहाँ क़ाबिज़ नहीं हो जाता, वह हुकूमतें बातिला ही रहेंगी, और हुकूमते बातिला के ख़िलाफ़ जिहाद करना उनका ईमानी फ़रीज़ह है, उनमें यह फ़हम बाक़ी ही ना रहा कि **निज़ामे हक़ व निज़ामे बातिल** का पैमाना क्या है कि जिसकी बुनियाद पर किस निज़ाम को **निज़ामे हक़** और किसे **निज़ामे बातिल** क़रार दिया जाएगा !

किसी निज़ाम के निज़ामे हक़ होने के जो उसूल व शराइत ख़लीक़े कायनात ने मुताय्यन किए हैं, अगर उसकी बुनियाद पर कोई **Scanner** बनाया जाये जिसके ज़रिये दुनिया भर की तमाम हुकूमती निज़ाम को **Scan** किया जाये तो लोगों पर इस ग़लतफ़हमी का इनकिशाफ़ हो जायेगा कि वह आज तक जिन हुकूमतों को इस्लामी हुकूमत समझते है दरअसल वह सभी हुकूमते, "**हुकूमते बातिला**" हैं, और जिन हुकूमती निज़ाम को वह अबतक **बातिल** समझते आये हैं, अगर वह **हुकूमते हक़** ना भी सही, पर **हुकूमतें बातिला** तो किसी भी हाल में क़रार नहीं पायेंगी !

यहाँ हब्शा के ईसाई बादशाह "**नज्जाशी**" का वाक़िया इस बात की गवाही दे रहा है कि रसूले ख़ुदा (सल्ल०) की नज़र में **Governance of the state of "HABSHA" (NAJJASI)** "**निज़ामे बातिला**" नहीं थी, वरना आप (सल्ल०) अपने सहाबा को उस **State** में **Migrate** करने का हुक्म कतआन ना देते !

तारीख़ हमें बताती है कि उस दौर में जब **मक्का** में इस्लाम के मानने वालों की तादाद बहुत कम थी, और वह लोग तरह तरह की **Persecution** का शिकार थे, और यहाँ तक कि जब उनका जीना भी मुहाल हो गया था और इस्लाम उस वक़्त इतनी क़ुव्वत भी नहीं रखता था कि उन लोगों की जान व माल की हिफ़ाज़त कर सके, उस वक़्त रसूले ख़ुदा (सल्ल०) ने यह फ़ैसला किया कि वह अपने इन मासूम पैरुकारों को अमान में में रखने के लिए **मक्का** से कहीं दूर दूसरे इलाक़े में मुन्तक़िल

कर दें, तो इसके लिए उन्हें उस वक़्त मुल्क **हब्शा के ईसाई बादशाह जिनका नाम "नज्जाशी"था,** को मुंतखब किया जो इंतहाई नर्मख़ों व आदिल बादशाह था, जब वह लोग (सहाबा) वहाँ **Migrate** कर गये तो उस **आदिल ईसाई बादशाह** ने उन लोगों (सहाबा) को सिर्फ़ पनाह ही नहीं दी बल्कि उन लोगों (मक्का वालों) से **Protection** भी **Provide** किया, फिर जो लोग उनका पीछा करते होए उससे उन्हें वापस **Surrender** करने की **Demand** करने उसके दरबार में मक्का से हाज़िर होए थे, उन्हें उस आदिल बादशाह (**नज्जाशी**) ने दो टूक जवाब देकर वापस कर दिया !

उसका यह आदिलाना अमल उसकी हक़पसंदी वा उसके तयीं क़ायमकरदह निज़ाम का "निज़ामे हक़" होने की सरीह गवाही देता है !

यह वह अहम मौक़ा था कि अगर वह **आदिल बादशाह** (**नज्जाशी**) उस वक़्त **ईमानवालों** (सहाबा) को अपने मुल्क में **Refugee status** ना अता करता तो शायद वह (सहाबा) इस क़ाबिल भी ना हो पाते कि आगे चलकर **"बद्र की जंग"** जीत लेते! बहरहाल होता जो भी हमें तो बस इस बात को याद रखना चाहिए कि जब हम हद दर्जा परेशान हाल थे और उस परेशान हाली में हमें भी किसी ने पनाह दी थी, और रसूल (सल्ल०) को इस बात का यक़ीन रहा होगा कि हमारे सहाबा के साथ अच्छा सुलूक ही होगा !

तो क्या यह वाकिया हमें हमारे **दीनी फ़रीज़ह** के तौर पर इस ओर नहीं ले जाता कि हमें अपने मुल्कों में ऐसे **अदल का निज़ाम** क़ायम करना चाहिए जिसकी बुनियाद **इंसानी मेयारात पर हो नाकि मज़हबी** ! ताकि जब कभी किसी खित्ते में कोई भी परेशान हाल इंसान चाहे वह किसी भी मज़हब से ताल्लुक़ रखने वाला हो, हमारे (ईमान वालों) पास आए तो हममें भी वह इस्तेदाद हो जिसके ज़रिए हम उस मुक़ाम पर फ़ायेज़ हों जायें जिससे कि हम ऐसे तमाम लोगों को **Refugee** देने वाले, दूसरों की मदद करने वाले बन जायें नाकि दुनिया में ख़ुद **Refugee** मांगने वाले और अदल ओ इंसाफ़ की भीख मांगने वाले !

ख़ालिक़ कायनात ने तमाम इंसानों में उन लोगों पर जो उसपर ईमान लाने के दावेदार हैं, उनपर यह ज़िम्मेदारी आयद की है कि रुए अर्ज़ पर **आदिलान निज़ाम** क़ायम करें और साथ साथ यह भी कि अगर किसी खित्ते में ऐसा निज़ाम चाहे अपनी **Bottom line** पर ही क्यों ना क़ायम हो, उसे मज़हब की बंदिशों से आज़ाद होकर **Recognise** भी करें, जिससे कि उस आदिलाना निज़ाम की फ़्यूज़ व बराकात से रुए अर्ज़ पर बसने वाले तमाम इंसानो को उनके बुनियादी इंसानी हुक़ूक़ मयस्सर हो सकें, जब इंसान को वह तमाम हुक़ूक़ मयस्सर आ जाते हैं तो इसके सबब इंसानों के जुर्म करने का जवाज़ का भी ख़ात्मा हो जाता है, रहे वह शर पसंद लोग जो बग़ैर किसी जवाज़ के बस जुर्म करने के आदि हैं तो उनके लिए ताज़ीराती क़वानीन उन्हें हुदूद का पाबंद बनाने के लिए काफ़ी हैं, जिसका लाज़मी नतीजा यही होगा कि इंसान ख़ून ख़राबे व फ़साद करने से बाज़ आ जाएगा और इंसान "**मलायका**" के उस इश्काल को दूर करने में क़ामयाब हो सकेगा कि जिस तशवीश का इज़हार "**मलायका**" ने इंसान को रुए अर्ज़ का ख़लीफ़ा बनाने के ऐलान पर ख़ालिक़े कायनात से किया था !

وَإِذْ قَالَ رَبُّكَ لِلْمَلَائِكَةِ إِنِّي جَاعِلٌ فِي الْأَرْضِ خَلِيفَةً ۖ قَالُوا أَتَجْعَلُ فِيهَا مَن يُفْسِدُ فِيهَا وَيَسْفِكُ الدِّمَاءَ وَنَحْنُ نُسَبِّحُ بِحَمْدِكَ وَنُقَدِّسُ لَكَ ۖ قَالَ إِنِّي أَعْلَمُ مَا لَا تَعْلَمُونَ

وَمَا عَلَيْنَا إِلَّا الْبَلَاغُ

www.ingramcontent.com/pod-product-compliance
Lightning Source LLC
La Vergne TN
LVHW032125041026
849518LV00008B/2786